GIRTON COLLEGE STUDIES

EDITED BY LILIAN KNOWLES, LITT.D., READER IN ECONOMIC HISTORY
IN THE UNIVERSITY OF LONDON

No. 2

BRITISH CREDIT

IN THE

LAST NAPOLEONIC WAR

T0371210

BRITISH CREDIT

IN THE

LAST NAPOLEONIC WAR

BY

AUDREY CUNNINGHAM

B.A. TRIN. COLL. DUBLIN
OF GIRTON COLLEGE, CAMBRIDGE

WITH AN APPENDIX CONTAINING A REPRINT OF

DES FINANCES DE L'ANGLETERRE

BY H. LASALLE

Cambridge :
at the University Press
1910

CAMBRIDGE
UNIVERSITY PRESS

University Printing House, Cambridge CB2 8BS, United Kingdom

Published in the United States of America by Cambridge University Press, New York

Cambridge University Press is part of the University of Cambridge.

It furthers the University's mission by disseminating knowledge in the pursuit of
education, learning and research at the highest international levels of excellence.

www.cambridge.org
Information on this title: www.cambridge.org/9781107626614

© Cambridge University Press 1910

First published 1910
First paperback edition 2014

A catalogue record for this publication is available from the British Library

ISBN 978-1-107-62661-4 Paperback

NOTE

THE enquiry, of which these pages are the result, was undertaken at the suggestion of a History Lecturer, who pointed out that if it could be shown that Napoleon's decrees were consciously intended as an attack on British credit, his conduct was much more intelligible than recent writers are inclined to allow.

In seeking to verify this hypothesis I have followed two lines of argument. On the one hand, I have tried to show that well-informed Frenchmen at the time considered the situation of Great Britain such that a deliberate attack upon her credit might be expected to be successful. In this part of my essay I have relied greatly on D'Hauterive and Lasalle, to whose pamphlets my attention had been directed at the time the subject was suggested to me.

In pursuing the second line of enquiry I have worked independently, as I could find nothing to support the only suggestion made to me, that Lasalle might have influenced the mind of Napoleon. I tried to discover what were Napoleon's personal views as to the basis of credit and whether this method of attack upon Great Britain was considered and adopted by him. In this way I have read through a good deal of his *Correspondance*, and have had the good fortune to be able to connect him with J. H. Marnière, Chevalier de Guer, and to show that the opinions held by the author of the *Essai sur le crédit commercial comme moyen de circulation* appealed to Napoleon and that he would be likely to take them into account in reorganising his attack on British resources after the battle of Trafalgar.

I am indebted to Dr Knowles for pointing out to me that an attack on British credit was not only a matter of common discussion in France, but had been anticipated in England ten years before Napoleon adopted this weapon. As is well known Pitt, in 1797, endeavoured to raise all the requisite supplies in the year by taxation and to dispense with borrowing. He stated his reasons in Parliament: " If there was any one point which more particularly demanded circumspection than another, it was to avoid by every possible means a further accumulation of our funded debt, for that was the point against which the machinations of the enemy were directed[1]."

I have also to acknowledge the kindness of Professor Foxwell, who read through the essay in manuscript, and whose criticism has been of the greatest assistance to me, and that of Captain F. Beauclerk, R.E., whose researches in the *Bibliothèque Nationale* enabled me to learn the contents of those works by the Chevalier de Guer which were not accessible to me.

A. CUNNINGHAM.

October 1910.

---

[1] *Parl. Hist.*, xxxiii. 1067.

CONTENTS

CONTENTS

CHAPTER I

INTRODUCTION

THE war against Napoleon was the greatest struggle through which the United Kingdom has ever passed, as he was our most powerful enemy ; we remember Trafalgar and Waterloo as our greatest victories, but yet the most deadly warfare was carried on by other means. Napoleon was powerless to attack us by sea after 1805, and the British Government could not be tempted, at least until the Spanish Insurrection of 1808, to risk a large force on the continent. But the navy which protected our shores and the subsidies which procured us foreign allies, were both dependent upon the commercial prosperity of the nation, and since an immense part of our commerce was carried on with states which were under Napoleon's control he was able to devise an indirect attack upon our financial resources. After Trafalgar certainly, the direct attack on our marine was hopeless, and the Emperor therefore turned to the slower and more complicated scheme of strangling British trade by excluding it from the European market. The Continental System was a failure, and has on that account been very generally condemned, in what seems to

me to be rather exaggerated language, as a huge mistake
from the beginning, a blunder all the greater and more
memorable as having been made by so remarkable a man.
In his *History of British Commerce* Leone Levi speaks of
it even more strongly. "Strange infatuation," he exclaims,
"and how many states took part in this mad act of vin-
dictiveness!" Still he is constrained to admit that "none
suffered more from it than England herself[1]," and England's
sufferings are acknowledged to have been almost over-
whelming. But yet she emerged triumphant, and more
modern writers point to one special part of Napoleon's
policy as accounting for this. Mr Rose, in discussing the
safety of our present food supply, has laid the greatest
stress upon the fact that in the Napoleonic wars no
attempt was made to cut off our supplies of corn. So far
was this from being the case, that Napoleon was anxious
to send corn into the country as a means whereby to effect
our ruin. "We must also be thankful for another strange
blunder committed by Napoleon....He allowed 2,000,000
quarters of wheat to come to us in the year 1810. The
only explanation of this strange blindness of his, in
presence of the most favourable opportunity of his life,
seems to be this. He clung to the crude old Mercantilist
theory that imports weakened a state while exports
strengthened it[2]." Again in the *Monthly Review* for
March 1902 Mr Rose says, "Napoleon believed the effect
of sending those imports to our shores would be to weaken
us. His economic ideas were those of the crudest section
of the old Mercantilist School. He believed that a nation's
commercial wealth consisted essentially in its exports,

---

[1] Leone Levi, *Hist. Brit. Commerce*, p. 114.
[2] *Lectures on History of the XIXth Century*, p. 75.

while imports were to be jealously restricted because they drew bullion away. Destroy Britain's exports and allow her to import whatever his own lands could well spare, and she would bleed to death. Such, briefly stated, was his creed. At that time wheat fetched more than £5 the quarter; and our great enemy imagining the drain of our gold to be a greater loss to us than the incoming of new life was gain, pursued the very policy which enabled us to survive that year of scarcity without a serious strain."

No doubt Napoleon was mistaken in his calculations. We, looking back to his time, know that his great scheme miscarried, but I hope to show that, although the result was failure, Napoleon's plans may have been more reasonable and laid on a more intelligent foundation than is generally admitted; that he was not misled by crude economic theories which were already out of date, but that he directed his attack upon a point where we were then, and indeed still are, most vulnerable, and adopted measures which were not haphazard but were well calculated to bring it to a successful issue. At Trafalgar his attack upon the naval power of Britain had completely failed, he could not invade us with his armies but he could still attempt to paralyse the government by destroying our European trade and so undermining public credit and fomenting a social revolution, which might overthrow the state from within. It appears to have been his deliberate aim to render the maintenance of the gold reserve impossible, and so to bring down the whole fabric of British credit; and the Continental System on the one hand and the permission to export corn to the British Isles on the other, were quite compatible with this object.

Foreign payments were a continuous difficulty to our government. Napier describes the financial troubles which had come to be severely felt in 1809 by the British forces in the Peninsula; they were insufficiently provided with boots, transport and other necessaries, and the soldiers' pay was in arrears. Desperate efforts were made to provide the £200,000 a month which were needed, but Napier explains that "in all commercial places the exchange rose against England because of her great and increasing paper issues; and those issues, the extravagant supplies to Spain, and the Austrian subsidy, rendered it impossible to provide specie for the army, save by purchasing it all over the world with treasury bills and at an enormous loss. This evil, great in itself, opened a wide door to fraud, and made the war between France and England not so much a glorious contest of arms as a struggle between public credit and military genius, victory being to the first nearly as pernicious as defeat."

Throughout the war the Bank was never in a state to pay out quantities of gold, and by ruining our export trade Napoleon might do away with the resources which saved our government from the constant necessity of sending gold abroad to meet their foreign expenses, the navy, the garrisons, the subsidies, the interest on that part of the Debt held by foreigners; by allowing imports those expenses might be increased. Sir Philip Francis, the reputed author of Junius's letters, writing in 1810 when the System was in full swing, points to the restriction of continental trade as the cause of the scarcity of specie which was causing such anxiety at that time. "All this amount must go in gold and silver, unless the favourable state of your trade with the continent and elsewhere gives you a foreign credit, which may help to supply you with part of the sum wanted to answer these demands[1]." The Emperor's policy was to destroy the continental trade which was necessary to prevent such a drain of gold as would have been disastrous.

Napoleon did not of course put on record any definite scheme of this kind, but his true motives were not by any means always revealed even to his most trusted ministers. Mollien professes ignorance of his real policy in undertaking the Russian campaign[2], and contemporaries were no more certain than present day historians whether the forces gathered at Boulogne in 1805 were really aimed at England or at Austria[3]. We cannot expect to find conclusive evidence as to the reasons for his policy, but there are indications of his probable aim. To increase the foreign drain on Great Britain and to prevent her meeting it in anything but specie would have seemed sound policy. To this end activity in French shipyards which must call forth corresponding outlay on the part of the enemy was worth while. Corn, as Napoleon himself wrote, was in scarcity years of the first necessity—hence the export of corn to Great Britain might be permitted. If at the same time her export trade were prevented, the result would be the export of gold, the diminution of the reserve, and in the end the collapse of credit.

A policy of this kind was not impracticable then, and is still possible to-day. Our credit system and the small amount of our gold reserve are the subject of grave

[1] Francis, *Reflections on the abundance of paper in circulation and the scarcity of Specie*, p. 6.

[2] Mollien, *Mémoires*, III., pp. 112—13, 122—3.

[3] Rose, *Eng. Hist. Rev.*, 1893, p. 712, n. 19.

anxiety, and no measures have ever been taken to guard against an attack upon them. The difficulties in which the system of credit might become involved in case of a serious European war have never, according to Sir R. Giffen, been adequately considered, because there has been none since the system reached its full development[1]. In 1805 it existed in Britain only, and though it gave her extraordinary resources, it also created a new source of danger for the state. Both its strength and its weakness were fully recognised by the Chevalier de Guer, a French writer with whose work we know that Napoleon was familiar, and the foundations of British financial and commercial power was a favourite subject of investigation with students of the time, whether friendly or hostile to the chief enemy of Napoleon's empire. The aim of the present essay is to consider some of the ideas current in France upon this subject, and to show not only that Napoleon was interested in them, but that they were calculated to appeal to him in consequence of his own experience.

As a preliminary it is necessary to try and consider how the English financial system would appear in France. In those days credit was an instrument much less understood than at present, and in French experience it had been found a most dangerous one; in the light of history the scheme of an attack on credit seemed much more likely to be rapidly successful than it really was. The practical experience of French governments during a century had been such as to lead to the belief that credit rested on an uncertain foundation, and that when it failed the con-

---

[1] *The Times*, 26 March 1908.

sequences were most disastrous. Napoleon had himself experienced the effects of such a collapse in his early and impressionable years.

Finally, his policy was so far successful as to cause the very gravest distress and ruin in Britain. The last part of the essay will be concerned with the results of the Continental System, with the general distress caused by it and its effect on the national credit, and with the reasons why, in spite of the strain it caused, it ultimately failed to attain its object.

CHAPTER II

FRENCH EXPERIENCE IN REGARD TO CREDIT

To the student of financial history France furnished numerous examples of the paralysis of government from lack of funds and of the failure of national credit. Financial difficulties had often hampered the French government, and the eighteenth century in particular was one long struggle against impending bankruptcy.

Colbert was strongly opposed to the funding system, but Louis XIV introduced it in spite of him in 1672 and a large debt was soon accumulated[1]. Louis' wars, and especially the War of the Spanish Succession, were an immense strain upon the country, which had also been robbed of its most industrious citizens by the Revocation of the Edict of Nantes in 1685. By 1713 the interest on the debt was already in arrears, and in that year it was forcibly reduced; this was in reality a partial bankruptcy[2]. In spite, or perhaps because of the most desperate expedients, such as that of altering the nominal value of the coinage, the inevitable crash came in 1715. According to Martin's account the distress in the country was terrible,

[1] J. R. MacCulloch, *Taxation and Funding*, Part III., ch. i., p. 413.
[2] Martin, *Histoire de France*, xvii., pp. 107—8.

and in the summer of that year it seemed as if the situation could grow no worse ; there was neither public nor private credit, no ready money for the state, and any part of the revenue which was not pledged was anticipated from the following years. Neither work nor consumption could be carried on for want of currency, the speculators who farmed the taxes were the only men who had capital and the money they collected was locked up in their coffers ; others squandered their money at Paris in barren luxury, and usury was supreme. The alternations of high and low prices for commodities finally crushed the people. "Riots broke out for food not only among the civil population but even in the army. Factories were languishing or closed ; beggary was rife in the towns. The fields were deserted, the land lying waste for want of manure and implements and of the stock which had perished in 1709 ; houses were falling to ruin. Monarchic France seemed ready to perish with her aged king[1]."

Such was the condition of the country when Louis XV began to reign, and the government of the Regency was not fit to cope with the situation ; the debt steadily increased in spite of the Duc de Noailles' efforts to improve matters, and his failure made way for John Law. Law had been much interested in the founding of the Bank of England in 1694, and had studied the credit system of Amsterdam, and he conceived the idea of a paper circulating medium, while the actual metal should be acquired by the state[2]. After some hesitation, he was entrusted with the management of the finances and his success was immediate and marked ; France began to recover from the

[1] Martin, *Histoire de France*, XVII., pp. 110—11.
[2] *Ibid.*, pp. 224 sqq.

former blow and to find the advantages of a system of credit.
Trade was resumed and expanded rapidly, great schemes
of colonisation were started, and wonderful prosperity
seemed at last to be in store for France. But the hope
was short-lived; the notes declined in value in spite of the
most violent measures which the government could devise
to keep them up. Three years were sufficient to expose
the famous system, and its fall was great, as its promise
had been high. The magnitude of the disaster made an
impression upon the popular mind which could never be
effaced and implanted in the French a distrust of banks
with any government connection[1] and of credit which did
much to prevent them from deriving from it the legitimate
benefits which it could have conferred. But the times
were not propitious, and when at last experiments in
banking were resumed their success was never more than
temporary. The Banque Royale, the Caisse d'Escompte
of 1767 and the Caisse d'Escompte of 1776 all failed, the
last being swallowed up in the cataclysm of 1793, and as
late as 1806 Napoleon's cherished institution, the present
Banque de France, was obliged to suspend payment for a
time, after a troubled existence of five years. Advances
to government were the invariable cause of the difficulties
of these institutions[2], and the strength of the prejudice
existing against any connection with the state is witnessed
by the vehemence with which the founders of the Banque
de France protested their independence of it[3]. The government on its side had long been in constant need of financial

[1] Forbonnais, ii., p. 425.
[2] A. Courtois, *Histoire des Banques en France*, pp. 84, 88, 91, 108,
117—19.
[3] *Ibid.*, p. 113.

help. In 1721 it was again unable to meet its engagements, for the second time within six years, nor could all
Fleury's economy make any permanent improvement, and
partial bankruptcies again took place in 1726[1], and during
the course of the Seven Years' War when it was found
impossible to borrow further, and it was feared that any
increase of taxation would drive the people into revolt.
In 1759 De Silhouette solved the problem by breaking
faith with the tax farmers, who met with no popular
sympathy[2].   Later all state payments were suspended
except the "rentes" which affected a large number of
persons, and which must be paid to stave off revolution.
This failure of the government's resources was the final
blow to the French power in Canada, and also destroyed
all internal credit; six banks suspended payment, their
creditors became bankrupt, commerce was thoroughly
disorganised and again there were suicides, famine and
riots[3]. The same thing occurred in 1770.

Yet Turgot succeeded in rescuing the country from its
worst distress, and Necker carried on his work, until the
outbreak of the American War of Independence necessitated new loans, and this was the beginning of the end.
France took her revenge on Great Britain for the conquest
of America, but at a tremendous cost. Though her actual
expenses in the war were only half those of Britain, they
were sufficient to complete her ruin[4].   Necker revived
government credit for a time by his Compte Rendu but it
was only to postpone the inevitable crash.   The failure of
public credit reacted on private enterprise, and there were

---

[1] *Cambridge Mod. Hist.*, viii., p. 73.
[2] Martin, *op. cit.*, xviii., p. 169.   [3] *Ibid.*, p. 173.
[4] *Ibid.*, xix., p. 370 n.

other causes also for the stagnation of trade, as for instance
the commercial policy adopted. The famous Treaty of
Commerce of 1786 only added to the general distress, and
paved the way for the Revolution by creating crowds of
unemployed who found their way to Paris. Growers of
vines and olives were jubilant, but the distress of the
manufacturing classes, who had lost their market, is testi-
fied by numerous letters of complaint from Picardy and
Normandy[1]. Many factories were closed altogether; in
Normandy alone 40,000 men were out of work, owing to
the ruin of the manufacture of linen and lace trimmings.
In spite of the strain on the finances relief works were
opened, at Troyes where men could earn 12 sous a day, and
in Paris, where thousands flocked to the national work-
shops[2]. Seventeen thousand paupers collected at Montmartre formed a nucleus for an outbreak[3]. The Somme
Canal was commenced, and the expenses were increased by
the necessity of importing large quantities of corn[4].

Arthur Young's *Travels* are full of such facts, and in
his judgment only the most heroic measures could be
of use. Speaking of the Finances in 1792 he notices
especially the "immensity of the debt which increases
every hour....I am afraid that any attempt to support
such infinite burdens must continue to deluge the country
with paper, till, like Congress dollars in America, circulation ceases altogether. There seems to be no remedy but
a bankruptcy, which is the best, easiest, and most bene-
ficial measure to the nation that can be embraced; it is

[1] Martin, *op. cit.*, xix., p. 469.
[2] Taine, *Origines de la Fr. contemp.*, p. 3.
[3] *Ibid.*, pp. 24, 87 ; Clement, *Système Prot. en Fr.*, pp. 86—7.
[4] *Cambridge Mod. Hist.*, viii., p. 693.

also the most just and the most honourable; all shifting
expedients are in fact more mischievous to the people,
and yet leave the government as deeply involved, as if
no recourse had been made to them.   They must either
destroy Public Credit or be destroyed by it[1]."

It must have seemed reasonable to suppose that French
experience in these matters was applicable to Britain also.
Many of the evils from which France suffered appeared in
Britain during the Revolutionary wars.   The National
Debt had been accumulating during the century, and
now advanced by leaps and bounds.   A paper currency
was resorted to, and became somewhat discredited, trade
underwent violent fluctuations, the need of importing corn
added heavily to the nation's expenses, thousands were
thrown out of employment by loss of markets, and the
support of these paupers added enormously to the burden
of taxation.   The huge expenses of war and of alliances
made the British Government entirely dependent upon
credit and the maintenance of public confidence.   If credit
once failed during such a time of strain nothing could
have saved the nation from immediate destruction.   And
yet here were all the factors which had brought about in
France, in time of peace, the catastrophe of 1789.   Little
wonder if Napoleon thought that such a climax was only
a matter of months.

It was not only the history of the past which might
lead to such a conclusion, present facts pointed in the
same direction.   The Emperor had himself had practical
experience of the impossibility of conducting war without
money; when he took over the command of the army of

[1] Young, *Travels*, p. 348.

Italy, his financial resources were small in the extreme. It
is well known how Napoleon solved the problem; he made
war self-supporting, and paid his army with the spoils of
Italy[1]. The impotence of the Directory must have helped
to bring home to him how powerless is a government
without proper financial resources. Years afterwards, when
at the height of his power, he cautions Joachim, King of the
Two Sicilies, as to the fundamental importance of finance.
" Distinguish yourself and make yourself popular, but remember that this can only be done by putting the finances
in the best possible order[2]," and the order which he himself established was one of the chief claims he made on
the gratitude of France. In 1807 he instructed Fouché
to have articles written for the press on the subject of
the excellence of the finances under his rule, compared
with the chaos which always existed under the ancient
monarchy[3], and himself in his message brought it also to
the notice of the Corps Legislatif. He frequently refers
in strong terms to the dangers of paper money, which, as
history in all ages teaches, is a resource of decadent governments[4]. " The most recent laws have laid the foundations
of our system of finance. This is a monument of the power
and the greatness of France. In future we can meet, by
our yearly revenue only, the expenses which would be
caused even by a general coalition of Europe. We shall
never be obliged to have recourse to the disastrous expedients of paper money, loans and arrears of payment[5]."

[1] *Cambridge Mod. Hist.*, viii., p. 703.
[2] *Corresp.*, xvii., p. 608.   [3] *Ibid.*, xv., p. 604.
[4] *Ibid.*, xii., p. 185.   [5] *Ibid.*, xviii., p. 24.

CHAPTER III

An attack on the credit of Great Britain must have seemed to many besides Napoleon a hopeful enterprise. Throughout the revolutionary period it was indeed almost an axiom that British prosperity, however imposing it appeared, was so entirely artificial that it might vanish at any moment, and an attack on commerce seemed the best way of hastening the arrival of that time. The Revolutionists had aimed at securing the natural frontiers of France, and this involved the conquest of Holland and Belgium. Other powers might be induced to agree to this, but Great Britain would never do so on account of her commercial interests. The way to force her to consent was therefore to attack her commerce, and so make her refusal more costly than consent would be. The alternatives were conquest or a blockade and the latter demanded the coalition of Europe. All parties inherited from the Committee of Public Safety, their unchanging aim, " war to the death with England[1]." " The belief that England's wealth was essentially vulnerable and artificial seems to have been one among the many causes which contributed

---

[1] Sorel, *L'Europe et la Révolution Française*, VII., pp. 103—4.

to the hasty declaration of war against England in 1793 by the French Revolutionists[1]." Kersaint's official speech to the Convention 13 January 1793 puts forward this view. "The credit of England rests upon fictitious wealth; the real riches of that people are scattered everywhere.... Bounded in territory, the public future of England is found almost wholly in its Bank, and this edifice is entirely supported by the wonderful activity of their naval commerce[2]." The Jacobin party must have had even stronger convictions on this subject and Napoleon had close relations with the Robespierres in his youth, and must have been familiar with these views[2]. Many of his future enterprises are foreshadowed by Kersaint. The French should raise Ireland, move Scotland, rouse the Revolution in England itself, where the English republicans will join them. Let them arm privateers to prey upon the multitude of richly laden vessels. "No neutrals," he cries, "the Republic will recognise, in this struggle, only friends or enemies[3]." He advocates sending help to Tippoo Sahib, an attack on Lisbon, and the freeing of Brazil and the Spanish Colonies. The invasion of England is to terminate the strife[3].

In 1795 came the first attempt to apply the popular policy. It was made by the second Committee of Public Safety which endeavoured to form a series of alliances and pledge all countries to renounce British commerce. In their instructions to Noël, the Ambassador at the Hague, they state their hopes. "Deprived of these immense outlets, distracted by the revolts and commotions

---

[1] Rose, *Eng. Hist. Rev.*, p. 704, August 1893.

[2] *Ibid.*, p. 704, August 1893.

[3] Sorel, *L'Europe et la Révolution Française*, iii., p. 244.

which will be the consequence, England will become much
embarrassed with its colonial and Asiatic goods. These
goods, unsold, will fall to the lowest price and the English
will find themselves conquered by abundance, as they
wished to conquer France by want[1]." It was a prophecy
which Napoleon nearly realised.

The French were not alone in their opinion of the
instability of British commerce and finance. The view
that the fall of the credit system was not far distant was
put forward in France in 1796 by an Englishman, Thomas
Paine, in a pamphlet entitled *The Decline and Fall of the
English System of Finance*. Paine had made himself
famous during the American War of Independence by his
writings, and later 1777–9 was made by Congress, Secre-
tary of the Committee of Foreign Affairs. Returning
eventually to England he was associated with Edward
Fitzgerald and the Reform Party, and vigorously defended
the French Revolutionists in his *Rights of Man* against
the attacks of Burke. In consequence of the publication
of this book he was prosecuted in England for seditious
libel, but he had become extremely popular in France and
had been elected a member of the Convention. However
he refused to vote for the King's execution and was
imprisoned by Robespierre, and himself barely escaped the
guillotine. His health suffered much, but his ardour for
reform was in no wise affected and he continued to devote
himself to literary work.

Paine had seen the dangers of paper money in America
and illustrates his remarks on England from that experience and from the history of the French assignats. He
estimates the probable expenses of the war and notices the

[1] Sorel, *L'Europe et la Révolution Française*, IV., p. 389.

general belief that the funding system was a dangerous one, quoting Adam Smith's opinion of the "enormous debts, that at present oppress, and will, in the long run, *most probably ruin* all the great *Nations* in Europe[1]." He contrasts the English with the French and American systems of credit, and grants that its fall will be slower, though he expects it certainly within twenty years. But it will not fail from inability to procure loans. "On the contrary it is the facility with which loans can be procured that hastens that event. The loans are altogether paper transactions; and it is the excess of them that brings on, with accelerating speed, that progressive depreciation of funded paper money that will dissolve the funding system[2]." The increase in the amounts of loans he compares to the increased issues of assignats by which the government had tried to meet the rise in prices caused by the depreciation of former issues. In England there was the same talk of dearness instead of depreciation as there had been in France. The Bank could not have a large reserve in cash, and had once already in 1696 had such difficulty in meeting its engagements as to give Paine some justification for describing it as a stoppage of payment[3]; another had only been staved off by means of paying in sixpences[4]. Calculations as to the balance of trade he regards as misleading, but examines the functions and position of a bank and points out the difficulties of such an institution having a close connection with government. "In those different operations," he again quotes from Adam Smith, "*its duty to the public* may sometimes have obliged it, without any

---

[1] Smith, *Wealth of Nations*, ii., ch. ii.
[2] Paine, *Decline and Fall of English System of Finance*, p. 7.
[3] Smith, *Wealth of Nations*, p. 303.
[4] Macleod, *Banking*, i., ch. ix., § 70.

fault of its directors, *to overstock the circulation with paper money*[1]," and this, Paine maintains, is what the Bank has done, issuing large quantities of notes of the low denomination of £5. The reserve must, he argues, be entirely insufficient to justify these issues, which are made, not because there is property in the Bank, but because there is none, and which are based on the issue of Exchequer Bills by government. When people realise the state of the case, an event which he expects to hasten by his pamphlet, a run on the Bank will take place, which cannot be met, and the government will be bankrupt.

In America and France change of government followed financial failure, and this will also be the case in Britain, where "the stability of the Bank is equal to that of the British Government[1]."

Paine's American experience and his association with the Reformers in England, combined with his political views, had given him for a time great popularity in France, and in 1798 he subscribed 100 livres towards a descent upon England, in which, it is said, he was invited by Napoleon to take part. His ambition was to proclaim the advent of liberty and equality at Thetford, his native place[2]. That he confidently looked forward to doing so appears from the letter in which he commended his work to the Corps Legislatif in 1796. The English Government " is now pressed by two internal and formidable opponents, that never appeared during any former war. The one is, the great and progressive change of opinion that is spreading itself throughout England with respect to the hereditary system of government. That system has fallen

[1] Smith, *Wealth of Nations*, ii., ch. ii.
[2] *Dict. Nat. Biography*.

more in the opinion of the people of that country within the last four years, than it fell in France during the last four years preceding the French Revolution. The other is, that the funding system of finance, on which the government of England depends for pecuniary aid, is now explaining itself to be no other than a governmental fraud.

"In former wars the government of England was supported by the superstition of the country with respect to a nominal non-existing thing which it called a *constitution*; and by the credulity of the country as to the funding system of finance. It was from those two popular delusions that the government of England derived all its strength, and they are now deserting her standard[1]."

A prophet does well who proves to be partially correct, and the Reform Bill of 1832 was not far distant, though Paine did not realise that it would be retarded, not hastened, by the war; the British would not change their horses in mid-stream. For the rest, the Suspension of 1797, which occurred soon after the publication of his pamphlet, was a striking commentary upon it, and would give apparent confirmation to alarmist views of this nature which were freely expressed in France by native writers also.

Among such books dealing with the foundations of British power one is especially interesting, as being a semi-official publication to which the actual scheme of the Continental System has been attributed[2]. The author was D'Hauterive of the French Foreign Office, who at a later date did a great deal of confidential work for the Emperor, and several times occupied for short intervals

[1] Paine, *Decline and Fall of English System of Finance*.
[2] D'Ivernois, *Effets du Blocus Continental*, p. 9, n. 3.

the position of acting Minister for Foreign Affairs. He
was introduced to Napoleon soon after the 18 Brumaire as
being a suitable man to write an account of British policy
intended as a manifesto to the other states of Europe.
The result was the publication in 1800 of a book entitled
De l'État de la France à la fin de l'an VIII which was
a violent attack upon Great Britain. It describes her
maritime and commercial greatness, first in peace and the
only market for Europe in war, and shows how this enables
her to organise highly her credit system and will eventually
lead to a supremacy which will make her all powerful in
political and social matters also. D'Hauterive, however,
considers this imposing structure has no firm foundation ;
England derives little real social and national strength
from the organisation of her commerce. Her position is
due, in his opinion, to the indolence of other states and
their neglect of the fact that the general course of maritime
commerce governs that of continents and states and the
sources of public power.

The Navigation Act is a model of the remedy he
recommends, but it demands the co-operation of the most
powerful continental countries which are to join in applying the principles of the Act, but against England only.
Her power, being founded upon commerce, is dependent
on finding outlets for her exports, and her chief ambition
must therefore be to open new markets, and her chief fear
to lose those which she already has. He points out that
the continental countries have it in their power to refuse
England access to their lands and so control her trade.
Prohibitive laws are an evil, he admits, but they should
be regarded as only a temporary measure against England
in order to do away with her navigation system. A series

of Navigation Acts, not applied by the allies to one another, would spread to all countries and so do away with all prohibitive laws.

The author then goes into the rights of neutrals and all the grievances against English claims, such as the right of search, are vigorously put in language which recalls the preamble of the Berlin Decree. To D'Hauterive was afterwards entrusted the task of reconciling the Americans to the system he now recommends, and of convincing them that these restrictive measures were really adopted in the interest of freer trade.   France is to constitute herself the champion of the neutral states and stand for the principle that the flag covers the goods.

In a chapter which purports to deal with the "Internal position of France," D'Hauterive returns to the question of the character of English prosperity and decides that it is artificial and illusory. The chief commercial and exporting country must have sustained the most injury by the war, and although England had actually advanced in public power, this is due to the efforts she has made to perfect her system of borrowing. Her very success in this has added to her credit, but it is borrowing, and not taxation, which has made her government for the time being independent of the power of the industrial classes, and these have suffered in the war. This has not been a fiscal obstacle but a social evil, met by vastly increased expenditure on poor relief. The fact that the poor rate had more than trebled since the war began showed the real impoverishment of the manufacturing classes. The wonderful credit of the country was due to the accumulation of goods which had usually a fictitious value through their scarcity, and the loss, which sooner or later was inevitable on these goods, would destroy public confidence. The passions roused by the French Revolution, and fomented by capitalists and government for their own ends, had caused the nation patiently to submit to great sacrifices and to unconstitutional methods of government. But if peace came, a reaction would surely set in. Finally the new tax on incomes was really a partial expropriation of capital, and must prove disastrous in a year or two. He then turns to the National Debt and points out that the true amount of it is unknown[1], as is also the exact amount of taxation and the total wealth of the country. Benefits produced by the balance of trade are illusory, and are only used to mislead the people and make them more ready to lend. " These writers who, with a stroke of the pen create millions of profits and milliards of revenue, these orators who see at a glance what the mines of Carinthia and the factories of Bengal carry off from such a nation, what the balance of commerce of the world produces for such another, are nothing but quacks who are protected and perhaps paid to maintain the credulity of peoples, to dazzle and mislead them, and at last make them bear a heavier burden[2]."

Finally D'Hauterive discusses the liability of countries to revolution. The more unequal the distribution of wealth and the more precarious the livelihood of the poor, the more likely is it that revolutions will occur. Fortunes founded on industry and external commerce are the most unsafe. The products of commerce are accumulating in England, and a great part of the population is dependent on the sale of these things, and the

---

[1] Cf. Doubleday, *Financial History of England*, p. 189.

[2] D'Hauterive, *L'État de la France*, p. 258.

sale of them has been interrupted, as is proved by their accumulation, and by the high death-rate and great increase in the number of paupers. The friends of England point to her progress in the division of labour, the consolidation of small properties into large farms and the perfection of her industrial organisation. But in proving this they show that the sources of her revenue are all the more artificial and complicated. France, if she does not produce as much as she might with a more perfect organisation, is less subject to vicissitudes and revolutions. "The more superior a nation is to others in the art of perfecting labour and in multiplying its agents and its products, the more exposed is it to crises and dislocation which may be fatal[1]."

---

[1] D'Hauterive, *L'État de la France*, p. 279. A similar kind of danger to British trade had been pointed out by Adam Smith, it is interesting to notice, in his discussion of the question of the colonial trade monopoly, which he says " by forcing towards it a much greater proportion of the capital of Great Britain than what would naturally have gone to it, seems to have broken altogether that natural balance which would otherwise have taken place among all the different branches of British industry. The industry of Great Britain, instead of being accommodated to a great number of small markets, has been principally suited to one great market. The commerce, instead of running in a great number of small channels, has been taught to run principally in one great channel. But the whole system of her industry and commerce has thereby been rendered less secure; the whole state of her body politic less healthful than it otherwise would have been. In her present condition Great Britain resembles one of those unwholesome bodies in which some of the vital parts are overgrown, and which, upon that account, are liable to many dangerous disorders scarce incident to those in which all the parts are more properly proportioned. A small stop in that great blood vessel, which has been artificially swelled beyond its natural dimensions, and through which an unnatural proportion of the industry and commerce of the country has been forced to circulate, is very likely to bring on the most dangerous disorders upon the whole body politic." Smith, *Wealth of Nations*, ed. 1904, II., p. 105.

He points out that France has the advantage in all
these matters; her national debt is small, her population
numerous and warlike, and the war itself opened a career
to thousands who in England would have come upon the
rates. Wealth was more evenly distributed, and being
dependent more upon agriculture than foreign commerce,
was less exposed to danger. In France, too, war was
made to pay its own way, whereas the English government was obliged "to pour forth all the resources of
an exaggerated credit, to strain to the utmost every
expedient of finance, to employ the last efforts of genius
in taxation in order to support the charges of the war[1]."

D'Hauterive's work caused a great sensation, and called
forth answers from D'Ivernois[2], a Swiss naturalised in
England, and from Gentz[3], one of the German admirers
of Great Britain, whose views were well known and had
been criticised by D'Hauterive. D'Hauterive represents
the more general and exaggerated idea of British weakness,
regarding her commercial prosperity and credit as little
better than a bubble which can easily be pricked; his work
was designed for popular consumption, and his style was
calculated to please the popular taste. But he was not alone
in thinking that Britain's financial situation was precarious.

A much more interesting examination of the subject
than D'Hauterive's is that by Henri Lasalle, a man who
had made a careful study of British affairs and afterwards
translated *Hamilton on the Debt*[4]. He shows that British
power rested on credit and that it was becoming increasingly difficult to raise taxes to pay the interest on

[1] D'Hauterive, *L'État de la France*, p. 349.
[2] D'Ivernois, *Effets du Blocus Continental.*
[3] Gentz, *State of Europe.*
[4] *Biographie Universelle.*

the debt. He does not overrate the importance of money in itself nor of the balance of trade as a criterion of the well-being of a country, and this is not necessarily involved in Napoleon's measures, as Mr Rose seems to think. An attack on the gold reserve as the basis of credit by sending imports to Britain, and above all corn which in scarce years she was obliged to import if she could get it, is quite reasonable as an attack on credit, although it reduced the social distress for the time. There is no proof that Lasalle's book attracted attention; but it shows that the action which Napoleon took was much more defensible than is commonly admitted.

It is entitled *Des Finances de l'Angleterre*, and was published in the year 1803. Lasalle appears to be most careful in his calculations, and he works from unexceptionable data, derived from official sources or from men of acknowledged standing in England. Like D'Hauterive, he maintains that the English are unaware of their true financial position, and have been misled by government in spite of the vigilance of the opposition and the national capacity for dealing with business matters. In proof of this assertion he first investigates the condition of the National Debt, which is not only very large but increasing rapidly. In 1802 the total amount had reached £ 562,782,269, and he proceeds to compare this total with the wealth of the country calculated on the value of the land by income tax returns. The capital value thus found reaches only £640,000,000 and gives a revenue of £25,000,000, whereas the interest on the debt already amounts to more than £23,000,000[1]. But since the in-

---

[1] Lasalle gives as his authority M. Beecles, a mistake for Dr H. Beeke, author of *Observations on the produce of the Income Tax*, whose figures Lasalle prefers to those given by Pitt in introducing the tax.

crease of the debt is very much more rapid than that of the national wealth, it is obvious that a bankruptcy is, in process of time, inevitable. Not only so, but bankruptcy has already begun, though unperceived.

The English financial system is then considered. Extraordinary expenses due to the war are entirely unproductive, and the debt has been formed by withdrawing capital from other uses, while the funding system entails the spending of large amounts in payment of interest. Constant new taxation is needed to pay the increasing interest of this perpetual debt, and indirect taxes bring about a rise in prices. Lasalle goes on to show that the rise of prices in England has been much greater than that in France during the same period, in fact the rise in England for the last three years is, he believes, greater than that which has taken place in France during a century, and he finds the cause partly in the increase in taxation and in the luxury and prodigality of millionaires and Indian nabobs, and partly in the management of the Bank of England and the paper currency which had followed the suspension of cash payments in 1797.

The position of the Bank is then subjected to examination, and in the first place it is shown to be entirely dependent upon the government. The advances made to government had been very much greater than any sums supplied to commerce, and therefore the Bank does not hold anything like sufficient commercial securities; the securities it has are chiefly those of the government, and it is preferable to be a direct creditor of the government rather than their creditor through the Bank.

Secondly, the Bank was actually insolvent in the year

1797, and to all appearance still is in that condition. The issue of notes had been excessive, but almost more disastrous was the drain of bullion to other countries, which was due to the subsidies, the maintenance of the army and navy abroad, and to large purchases of corn from America and other places. The official estimate was £33,129,221 for the first four years of the war, of which £8,946,012 were accounted for by payments for foreign corn; by 1802, the importation of grain was said to have reached nearly £24,000,000 altogether. It was moreover becoming increasingly difficult to obtain gold to replenish the reserve. The exchanges were unfavourable to England, and the amounts of money coined were very small[1].

The liabilities of the Bank included notes in circulation, sums lent without interest to the government and the original capital, and these amounted to a total of over £30,600,000.

As for its assets, calculating from the situation in 1797, the specie and commercial securities still held by the Bank could not be more than £7,500,000; the remainder must consist of government securities, of which the chief are Exchequer Bills which have been issued for £15,000,000[2]. But even if the Bank holds a large proportion of these their value is only nominal, and is due to the credit of the Bank itself; all other public investments have fallen, and it is not possible that the Exchequer Bills should fetch their full value if the Bank actually failed.

[1] Rose's table of gold coined from 1773-1798 in *Brief Examination*, Appendix IV, is here quoted.

[2] This estimate was actually far too low. The figures for 28 February 1803, are Public securities, £9,417,887. Private, £14,497,013. Bullion, £3,776,650. Total, £27,691,650. *Parl. Papers*, 1832 (722), vi., Appendix V, p. 506.

Such failure is only a matter of time ; the holders of government securities now prefer to keep them rather than change them at the Bank for incontrovertible notes, and the shareholders, who have been dazzled hitherto by the amounts of their dividends, will some day grasp the fact that these are caused by the very loans to government which have brought about the distress of the Bank.   As soon as this happens they will try to withdraw their funds and bankruptcy will be the result.

The third point as regards the position of the Bank is that there has been a great fall in the value of the bank notes since 1797 and a great rise of prices in consequence, even to purchasers who offered gold in payment.   This corresponds to previous experience of a paper circulation in France and America, and would be more noticeable but for the public spirit shown by the people in taking notes or money indifferently.

Returning then to the revenue of the nation and the charges which must be met, Lasalle concludes that even in time of peace there is a deficit of over £2,000,000 ; his calculation is based mainly upon the figures given by Mr Pitt and other English authorities.   The fact that it is necessary to borrow in time of peace shows that the finances are in a less sound condition than ministers pretend, and even they have been forced to acknowledge the danger and have adopted remedies for it.   But the measures they have taken are themselves fatal in their nature.

The most important of these is the celebrated Sinking Fund, which is shown to be, not only useless for paying off debt, but also positively harmful on its own account, as is of course now notorious.   New forms of taxation had also been resorted to, of which one in particular, the redemption of the land tax, was most unsatisfactory, and it was in practice impossible to enforce. The second was the income tax, which has also many faults, and had not yielded nearly so much as was expected from it. It seemed safe to conclude therefore that the limit of taxation had been reached in England, when ministers were obliged to resort to forms of taxation which are the most injurious to the country.

The last few pages of the book are taken up in discussing the objection that England was as a matter of fact enjoying great prosperity and that her trade had increased during the war. Lasalle does not find it hard to point out striking signs of weakness, which show that things were not in a really satisfactory condition. The British nation was living upon former prosperity, much capital had been withdrawn from profitable uses at home to be engaged in the speculative ventures of foreign commerce, and exports have to be sold at a considerable loss. Extreme poverty exists beside extreme riches, one in five of the population being in receipt of relief ; and finally, the yield of the taxes upon necessary articles of consumption, which were in existence in 1793, has remained stationary since that date, although in ten years there must have been some increase of population. The moral condition of the people was no more satisfactory, the influence of financiers and an excessive regard for money had permeated and corrupted the whole national life.

A book so moderate in tone and so detailed in treatment as Lasalle's was unlikely to become widely known, and there is no evidence to show that it attracted attention or that it was read by Napoleon. Lasalle, it appears,

was not a *persona grata* at court on other grounds. Under
the Directory he had held a post in the police at Paris
but he was too moderate both in opinions and conduct to
commend himself to those in power, and having been
appointed by Napoleon superintendent of police at Brest
he seems to have fallen out with the local authorities
there for similar reasons. At any rate he was recalled,
and took to literary work in Paris. A pamphlet of his
advocating more generous treatment of the returning
émigrés was well received in France, but it gave very
great offence to Bonaparte and it was to this that contemporaries attributed the fact that he did not again receive
employment until the period of the Hundred Days[1]. Nor
were his other literary associations calculated to weaken
any prejudice against him, for he was connected for some
time with the *Journal des Débats*, which of all the French
papers seems to have been that which annoyed Napoleon
most, and it was finally suppressed by him. Its very name
was an offence, and he not only considered that its political
news showed either stupidity or malice, but complained
that it published " exaggerated accounts of the fêtes and
expenses of the court[2]." If Lasalle had been carrying on
his financial investigations so near home, it is scarcely to
be wondered at if he was an object of dislike to Napoleon,
who would therefore be the less likely to have the work
on English finance brought to his notice and would not in
any case have much inclination to read it, even though it
was on a congenial subject.

[1] *Biographie des Hommes Vivants*, 1818.
[2] *Corresp.*, x., p. 453.

CHAPTER IV

DE GUER ON CREDIT

THERE is then no apparent connection between Lasalle's study of British affairs and the policy of the French
Government, while we have already seen that D'Hauterive's
work was rather in the nature of a manifesto inspired by
Napoleon himself in preparation for a trade policy aimed
at the United Kingdom than an independent inquiry into
the facts. But there was another economic writer who
had had special opportunities of studying the financial
situation in England, and we know that Napoleon was
acquainted with his work and in sympathy with it; in
fact he seems to have been directly influenced by the ideas
put forward there. This was the Chevalier de Guer, who
had studied the financial systems of Genoa, England, and
Holland, as well as the history of his own country. Before
the Revolution he was prominent in the struggle of the
people of Brittany to maintain their privileges, and in
1789 he published his first financial work, *Mémoire sur les
finances, et moyens proposés pour rétablir la balance entre
les recettes et les dépenses de l'état.* A Royalist in politics,
he afterwards fought a campaign with the Princes in
Germany, but subsequently took refuge in England. In

1795, however, he was at Lyons as a Royalist agent but the miscarriage of his plans caused him to flee to England a second time, where he probably remained until 1801. In that year he published at Hamburg an *Essai sur le crédit commercial comme moyen de circulation* as a pre-liminary to a larger work on Sinclair's *History of the Revenue*, which was in preparation and was to be issued as soon as circumstances allowed him to enjoy in France the liberty necessary for superintending the publication. Soon after, the Consular government permitted him to return to Paris, and he re-issued the *Essai* with the addition of an "Exposition des principes de la science du crédit public et de celle de l'imposition." In the succeeding years he continued to write on similar subjects; his *Considérations sur la facilité d'établir à Paris une Banque égale à celle de Londres* appeared probably in 1802, and may be the same as a plan of finance by De Guer, of which Napoleon expresses approval in his *Correspondence*[1]; the idea was certainly one which he favoured at this period[2], and it was to some extent carried out in the change in the character of the Banque de France, which, originally a private company, supposed to be entirely independent of the government, was in April, 1803, invested with the exclusive privilege of note issue[3]. In 1803 De Guer published *Considérations sur les finances* and also the *État de la situation des finances de l'Angleterre et de la banque de Londres au 24 juin* 1802, the latter was probably in answer to Napoleon's request for more detailed information on the financial position of England[4], and was reprinted by his

---

[1] *Corresp.*, VIII., p. 289. [2] Mollien, *Mémoires*, I., p. 512.

[3] Courtois, *Histoire des Banques en France*, p. 115.

[4] *Corresp.*, VIII., p. 289.

orders in the *Moniteur*[1]. In 1807 another book came out
entitled *Du crédit public*, and in 1808 a *Tableau comparatif du revenu général de l'Angleterre et de celui de la France*
and also a treatise on English trade in the East.

This author is not by any means indiscriminately
hostile to everything British, on the contrary he is an
enthusiastic advocate of the system of commercial credit in
use there. To it he attributes the extraordinary success
in commerce and agriculture of a country with fewer
natural advantages than his own. The *Essai sur le crédit
commercial* was written to commend it to his fellow country-
men, who had, he thought, been unduly nervous of credit
ever since the days of Law; he strongly urges the French
to follow the example of their enemy in this matter and
points to its great success with them, while at the same
time he is fully alive to the dangers which may arise from
its abuse, and especially its abuse by ministers, and he
warns his readers that though this financial system has
given extraordinary activity to British commerce, it has
also proved at times a source of weakness. In particular
he frequently refers to the danger to the credit system,
which is involved in the fact that gold can no longer be
exported without so far depleting the reserves as to bring
serious difficulties upon the banks. In short, though an
admirer of the Bank of England and an advocate of a
paper circulation, he condemns the financial policy pursued

---

[1] In the last paragraph of his *Tableau Comparatif* De Guer writes,
"Je me suis cru autorisé à écrire sur l'économie politique et les finances
par l'approbation que Sa Majesté l'Empereur a donnée au premier ouvrage
que j'ai publié, il y a cinq ans, en le faisant réimprimer dans le Moniteur,
et en chargeant son Ministre du trésor publique de m'en témoigner sa
satisfaction." For information on this pamphlet, which is in the
Bibliothèque Nationale, I am indebted to Captain F. Beauçlerk.

in some particulars, and recommends the introduction of various safeguards if a similar credit system is adopted, as he hopes will be the case, in France.

He begins his book by pointing out the extraordinary advantage which this system has been to England, whose commercial superiority over France, though she is much less fortunate in her population, territory and climate, is directly due to it.   He explains the nature of credit and of the different kinds of paper money, bills, notes, etc., and shows their great convenience over gold and silver, the chief use of which with English merchants is to serve as a basis for credit.   He is careful to point out also that paper is of no value in itself, and that it is important that the amount of real money on which its fictitious value rests should be sufficiently large.   The Bank of England, he goes on to remark, which maintains a note circulation and gives support to many secondary banks in England and Scotland, is a political as well as a commercial institution, and its chief object is to sustain the credit of the state ; and here De Guer takes the opportunity to notice how a bank note circulation may add to the public danger in a time of panic, and illustrates this from the Suspension of Cash Payments in 1797, which he had himself most probably witnessed.   If the French invasion, expected at that time, had actually taken place, confidence would have been completely destroyed and a circulation dependent on confidence must have failed at once.   The Exchequer Bills, the most important of the Treasury funds, would have become valueless and the government have been without monetary resources.   He pictures " The people of London plunged in despair at the sudden loss of all their money rushing to the bank, breaking down the doors and forcing the safes, in a vain search for the gold which was not to be found there, and the government obliged to fight with its own people when even to repulse the enemy was too hard a task[1]."

The imminence of such a catastrophe had not, however, been due to credit properly used, but to its abuse by the government, and De Guer is quick to criticise the conduct by which Pitt had brought upon his country so terrible a risk. "A well-informed minister would know that the increase of paper only becomes dangerous when the whole quantity of real money is barely sufficient to afford a basis for the circulation of the artificial money, when the smallest export of specie may shake or even overturn the edifice of credit ; and he would be satisfied not to allow, as the English have done, the amount of paper in circulation to become excessive." " The English," he adds in a foot-note, " since 1793 have been feeling the inconvenience of not being able to export guineas without danger to the institutions which keep up the circulation of paper[2]."

The connection between commercial and public credit and their reaction on each other are then discussed, and De Guer again emphasises the fact that it was the abuse of the Bank by Pitt in demanding extraordinary advances to government, at a time when the stores of bullion were depleted by the foreign subsidies, which caused the crisis of 1797. This is one instance of the harm that may be done to commercial credit by governments, and another evil for which they may be responsible is frequent changes in the law, a danger from which France is now compara-tively free under the orderly rule of Napoleon, after the

[1] De Guer, *Essai*, p. 25.   [2] *Ibid.*, p. 26.

storms of the revolutionary period. He also touches on
the need of proper laws as to the recovery of debts, and
commends the English practice in this respect. He
strongly favours the English plan of leaving the Bank
to pay the interest on the National Debt, special funds
being set aside for that purpose; and a government should
also be prepared if necessary to make advances to merchants, as was done in England in the crisis of 1793 by
the issue of Exchequer Bills. The success of the Monts-
de-piété in France shows, he thinks, that there is a demand for some kind of credit system, such as that which
is afforded by the numerous local banks in the United
Kingdom, which increase and spread abroad the help given
by credit both to commerce and agriculture, much more
widely than the Bank in London could be expected to do,
since it is without the necessary local knowledge. English
progress in agriculture he puts down in part to the ease
with which advances of money can be obtained in country
places, whereas the farmers in the French provinces were
obliged to pay extravagant rates of interest.

De Guer then ventures to put in a word for Law, and
regrets that the misfortunes caused by paper money under
the Regency had convinced the French that large banks
of circulation could not take part in government transactions without risk. He proceeds to show how mistaken
this view is by quoting the actual experience of the great
banks in Genoa and London, and again insists that the
only danger of a government connection is that the bank
directors may be influenced by a powerful minister to
make too large advances, which by forcing them to increase
their paper out of all proportion to their specie, injures
their credit in the country. As a safeguard against this

he advocates the publication at fixed intervals of the full amount advanced to the state.

He then passes on to examine the differences between this system and the existing banking arrangements in France, and proposes an ingenious plan for establishing in Paris a large bank, similar to the Bank of England, into the details of which I need not enter. It is, however, interesting to note that he recommends the close connection with government involved in the control of all public payments and receipts by the bank, and thinks it important that there should be local branches, which might supply farmers and business men with money at reasonable rates.

In the following portion of his essay, De Guer proceeds to defend himself from the charge of lack of patriotism which he seems to fear may be levelled at him, and to which as an *émigré* he was, perhaps, especially open. It is better, he contends, to show what the enemy's strength is, than to depreciate forces of which the existence is undeniable. This is perhaps aimed at those who affected to regard British power and wealth as a wholly artificial growth. A Frenchman, he maintains, can well afford to admit what is good in England, more especially as their financial system can be imitated in France; for it was not of native origin but had been adopted from other countries at the first. Let D'Ivernois then explain that France is exhausted, and Gentz assert that England is four times more fertile than France; France, with the same financial advantages, will prove as much superior to her rival in wealth and power as she already is in population, in territory and in the higher arts. Credit as applied to commerce is the secret of English strength; not, as some

say, that money circulates more freely there, for it is in
reality more stagnant, being used only as a basis for credit.
It is this use of money which makes a small amount of
coin sufficient for an enormous extension of commerce, but
it has its danger too. " The great increase of commercial
credit among the English, doubtless forms the most
powerful aid to their political strength by multiplying to
a prodigious extent the usefulness of their real money ;
but there are circumstances of great importance, which
render the great quantity of their artificial money a cause
of weakness to them, by putting it beyond their power to
export any sum in specie, without running the risk of
destroying the banks which keep up the circulation of
paper[1]." He then calls to witness the history of the past
hundred years to prove his contention.

In the War of the Spanish Succession, and again in the
Seven Years' War, Great Britain kept her armies on the
continent and subsidised her allies without inconvenience
to her commerce, and yet it appears that since 1794 she
has never been able to grant subsidies to a member of the
coalitions for two consecutive years without losing 15 to
20 per cent. on her exchange, and this loss applying as it
does to all her commercial transactions with foreigners is
a ruinous charge upon the nation. The reason for this
change in her resources is, he suggests, that the returns
are now so small that the quantity of new money coined
is barely sufficient to keep up the amount of specie to the
point requisite for sustaining credit. He quotes English
authorities for this fact, and claims that the low state of
the exchange disproves Gentz's assertion that English

[1] De Guer, *Essai*, p. 82.

commerce leaves large sums annually on the continent to form credits there. When the war, he goes on to point out, was in Westphalia or the Low Countries as in Marlborough's time, Great Britain could easily support her expenses on the continent, because she discharged them in kind by sending provisions and military stores from her own ports; and in the same way she had no difficulty in paying the subsidies, because the districts occupied by her forces and the countries of her allies formed a great market for her goods, so that she possessed credits in the very places to which she had to send remittances; but as soon as the Belgian ports are closed to her, and when the war is on the Upper Rhine or the Danube and obliges her to pay her subsidies in that part of Europe, since the allies want money where their armies are, she soon exhausts her commercial credits, and must choose either to suffer a loss on her foreign exchanges which is ruinous to her commerce, or to risk the destruction of the establishments which keep up the value of her artificial money, by exporting the real money which is its foundation. "I have shown," he says, "the great strength of the English power, I have now disclosed the secret of their weakness, and these different facts will perhaps be of some use to the Government; or at least they will put the public in a position to appreciate more fully the resources of England[1]." He concludes by urging France to follow this example, showing by her prosperity under Sully and Colbert how quickly the country might recover from tumult and distress under a wise system, a stable government and a great ruler. The omens are good, seeing what

---

[1] De Guer. *Essai*, p. 85.

a change Napoleon has brought about from the days of
the Directory in a single year, and that year the ninth of
a great war.

Here then we have the matter fairly stated, not indeed
as a plan of attack on Britain but still as an attempt to
point out where her great weakness lies. The system is
good, the Bank is good, the enemy's power great, but when
Belgium is closed against exports gold must be sent out
to such an extent as to sap the very foundations of commerce and of political power itself. The exclusion policy
was in the air, never had the idea been so popular in
France as when Bonaparte began to rule[1]. What wonder
then if it seemed to him a little step to close all Europe to
British commerce, and so turn the inconvenience already
felt into an intolerable strain.

De Guer continued to enforce his ideas in subsequent
writings. There is much that is similar to the *Essai* in
the report on English finance written for Napoleon in
1803 and published in the *Moniteur* for the enlightenment
of the nation. In its special reference to government
finance it is much more detailed than Lasalle's treatise,
although in the main it is devoted to advocating the
development of a sound credit system in France, which
De Guer thinks would immediately transfer to her the one
great advantage possessed by the United Kingdom. He
gives detailed figures, taken from official sources, of the
amount of the debt, of the interest upon it, of the Sinking
Fund, of the taxes which go to meet the expense of the
war, and of the ordinary expenses of peace time; and he
goes on to deny, as in the *Essai*, that Great Britain is
essentially a richer country than France, and accounts for

[1] Mollien, *Mémoires d'un Ministre du Trésor*, III., p. 34.

her apparent superiority as being due entirely to the difference of the financial system. " I am convinced that the encouragements to commerce, the banking establishments and the knowledge of credit and taxation, that the finances in a word, are the only thing in which the English set us an example worth following[1]." At the same time, however, his tract is largely concerned with the Suspension of 1797 and the causes of the depletion of the reserve, and he indicates the possibility of a complete breakdown. He gives the figures referring to the situation of the Bank of England at the time, and notes the state of affairs since the suspension of cash payments, accounting for the crisis by the exportation of gold coinage due to the unfavourable exchange which led to a daily shrinkage of the reserve, while at the same time Pitt imprudently obliged the Bank to increase their paper issues by demanding enormous advances. The Bank was only saved because the wide extension of its credit made it to the interest of all to support it at the critical time by receiving paper as readily as gold. He closes by insisting on the extraordinary services rendered by the Bank both through its advances to government and by the low rate of interest at which it can supply the needs of commerce, a subject which Napoleon particularly had at heart to judge by the way in which he harps upon the subject of the high rate charged in France in his *Correspondence*[2].

Of greater interest, however, from the present point of view is the preceding paragraph in which De Guer gives his opinion of the causes of the loss to London in the exchange with Hamburg. These are, in brief, the

[1] *Moniteur*, xxviii., p. 624, 22 Feb. 1803.
[2] *Corresp.*, xvii., p. 578.

amounts sent abroad in letters of change or in specie to discharge the subsidies granted to Britain's allies, and it was this that compromised the existence of the Bank. The loss on the exchange proved also that there was not, as was generally believed, a balance of trade favourable to Britain and therefore she cannot possibly continue to subsidise continental nations without danger to the institutions which support the credit both of the state and of commerce. The moral De Guer draws is that French diplomacy should insist upon the untrustworthiness of British support, both on account of her notorious perfidy and also of her yet more dangerous impotence. Napoleon, however, supposing the Austrian Emperor remained deaf to these insinuations, may have seen greater promise of success in attempting to intensify the danger to British credit by strengthening the causes to which De Guer points, that is the increase of British expenses abroad and the decline of the commerce which helped to discharge them. It is certain that Napoleon was enamoured of the positive proposals with regard to French finance, though he failed to realise them in practice, and it is scarcely likely that he should have overlooked the opposite side of the picture. De Guer was equally ready to support the Emperor's commercial policy. In 1808 he issued the *Tableau Comparatif* which was well calculated to appeal to Napoleon's favour, for, while advocating measures for the rehabilitation of French industry and agriculture, he supports the policy of closing the continental door to British trade, since he believed the export of cottons to be the main source of British credit and that there was no bullion reserve whatever. Peace, he seems to think, would be even more effective than war in ruining British commerce and credit. If her trade monopoly can be destroyed, the United Kingdom "will be reduced to the state of annihilation of a nation which based all her strength on her credit, and which loses her credit through failing to pay her creditors[1]."

By the time this was written it was sufficiently clear that the conquest of Great Britain by force of arms alone was impracticable. The battle of Trafalgar, which vindicated beyond dispute the supremacy of Britain on the sea, had destroyed once for all D'Hauterive's contention of the inherent weakness of her maritime power, and made necessary some other scheme than that of a direct attack. Napoleon recognised, and most bitterly resented, his unaccustomed impotence; he warned his brother Louis in Holland that it was obstinate folly to try and struggle at sea against the immense superiority of the English[2], the very coasts of France were insufficiently protected, and he could do little more than try to employ as many as possible of the British frigates in blockading his own ships in harbour. In 1808 he writes to Admiral Decrés, "The way in which they submit to blockade at Bordeaux is ridiculous. It costs the king of England only one frigate to cut the communication of Spain and Portugal with Bordeaux. One other intercepts the communication between Brest and Bordeaux. It is too bad." " Four frigates would force the English to keep four before Havre...four or five there (at Nantes) would make them increase their forces[3]." A humiliating policy for a fighter; the Emperor might still dream of invasions of Ireland and Scotland, and even of an expedition to the Cape, but he knew that for the time his naval failure was complete. The real hopelessness of a direct

---

[1] De Guer, *Tableau Comparatif.*
[2] *Corresp.*, xiv., p. 33.   [3] *Ibid.*, xvii., p. 106.

attack made it the more necessary to resort vigorously
to an alternative policy, and the suggestion offered by the
works of Lasalle and De Guer was thoroughly practicable.
Napoleon was now in a position to act so as further to
restrict markets and help to deplete still more the stores
of gold, already low, upon which public confidence in the
solvency of government was founded.   That he was ready
to welcome such suggestions may be gathered from his
close relations with De Guer, but this becomes more clear
when we consider what were Napoleon's own opinions
on banking and credit, and whether such an idea as that
of an attack upon it was likely to appeal to him as a
practicable policy.

CHAPTER V

NAPOLEON'S VIEWS

IT is of course well known that Napoleon did not pretend to have any grasp of economic theory or to follow its principles as guides in his practice, but there were many to whom he could turn for information and advice when in doubt on such subjects. Among them Mollien naturally occupies the foremost place, the minister who, having first entered Napoleon's service in 1802, was appointed by him to the Treasury four years later, and served him faithfully and with success until the end. In him Napoleon had great confidence, and he did at times accomplish that most difficult feat of persuading the Emperor to change his mind even when his decision had been already taken. On the other hand there were many, some in responsible positions such as Cretet the Governor of the Bank, and some, like De Guer, simple publicists, who were ready to bring forward more or less specious proposals, which sometimes had considerable influence with Napoleon. Ideas of this sort sometimes cropped up again long after Mollien thought they were disposed of, as for instance was the case with regard to the establishment of local branches of the Bank of France, and he says he found the Emperor's errors the

more difficult to refute as there was always much in them
which was logical and true, moreover Napoleon had no
practical experience of commerce and finance which would
enable him to test the various opinions put before him ;
but still credit and its basis was a subject to which he had
given much attention.

There were one or two of the views which are em-
phasised in his writings which would be likely to lead him
to believe that Great Britain's financial stability was open
to attack. In the first place he was impressed with the
necessity for a sufficient reserve, as a foundation for credit
and the maintenance of a bank note circulation. He was
possibly inclined to exaggerate the importance of the
actual possession of the precious metals from the latter
point of view, and insisted on retaining most of the tribute
received from conquered nations as a separate fund, the
existence of which in case of extremity would, he thought,
give people a great idea of the security of his position[1].
Mollien complains of his great respect for "the old
opinions which forbid the export of specie[2]," and he received particular instructions from Napoleon to have at
the Treasury "a reserve of several millions as the basis
and foundation of credit." "With a little care," he adds,
"the sum might be exaggerated in general belief, and the
public of Paris be led to think that there is a reserve of
more than thirty millions[3]" and perhaps belief that the
government had at the moment a large sum of gold was
in the then state of opinion in France the thing best calculated to reassure the people, "whose imagination," the
Emperor had once written, "is still impressed by remem-

[1] Mollien, *Mémoires*, III., p. 265.   [2] *Ibid.*, II., p. 229.
[3] *Corresp.*, XII., p. 60.

brance of the time when paper fell in value at the most
rapid rate [1]." At any rate Mollien had much difficulty,
or rather never succeeded, in convincing him that the
punctual discharge of all obligations is the true way of
inspiring public confidence, and no doubt he failed to
appreciate the strength which the Bank of England derived from past success.

This same matter of the reserve enters largely into the
questions concerning the affairs of the Bank of France,
which constantly occupied Napoleon and were the subject
of many councils and discussions with his ministers. In
the *Correspondence* we find numerous letters to M. Barbé
Marbois, Mollien's predecessor at the Treasury, on this
matter, and there are frequent references to the proper
amount and functions of the reserve and the character of
the securities on which the Bank should make advances.
" What you tell me about the Bank wants explanation,"
he writes in 1805, " if the reserve is small it is their own
fault ; it is because they negotiate a lot of accommodation
bills which have no merchandise behind them [2]." Three
years later in a note on the Bank he says " It is indispensable that the Bank should keep a reserve in cash to
fulfil the first of its duties, the immediate conversion on
demand of its notes into cash [3]."

Napoleon, however, was anxious to gain from his own
institution the same advantages which the government of
the United Kingdom derived from the Bank of England,
and while Mollien was the last to deny their value, he was
obliged most carefully to explain the exact nature of the
relations of Bank and government in that country, and the

[1] *Corresp.*, x., p. 216.   [2] *Ibid.*, xi., p. 86.
[3] *Ibid.*, xvii., p. 578.

reasons why the same plan could not be adopted, much less extended, in France[1]. Many people had told Napoleon that his bank was a great assistance to commerce, a great means of increasing industrial prosperity and would be a powerful auxiliary for the government itself[2], and this we have seen was De Guer's view. These hopes were not immediately realised, and in 1806 a plan was discussed, which seems at first to have found favour with the Emperor, for making the Bank responsible for the service of the debt, but Mollien was able to show that this was impracticable[3]. Cretet was anxious that the Bank should make advances to government, but this also came to nothing and Napoleon soon realised that it could not supply him with money by an increase of notes; after many discussions he confided to Mollien that one thing only was clear to him, namely, "that there must be no alliance between the business of the Treasury and that of the Bank[4]." Having been converted to this view he no doubt held strongly to the idea that such a connection was to be condemned, without fully appreciating the difference of circumstances, history and laws, of business customs and financial systems which made that possible in Britain which was not allowable in France[5].

Another project mooted at the same time was also in accord with De Guer's suggestion as to the advantages to be derived from local banks advancing money at a moderate interest in provincial towns. The capital of the Bank was increased in 1806 with a view to the establishment of branches in the provinces, and the idea had evidently obtained firm root in Napoleon's mind as in

[1] Mollien, *Mémoires*, I., pp. 453—4.   [2] *Ibid.*, pp. 292—3.
[3] *Ibid.*, pp. 509 sqq.   [4] *Ibid.*, p. 530.   [5] *Ibid.*, p. 505.

1810 he promised relief in this shape to the merchants of Saint-Quentin, Lille, Valenciennes and Cambrai who found themselves involved in difficulties through the operation of the Continental System[1]. Mollien was horrified at receiving instructions to carry out these proposals, on which he had not been consulted, and protested vigorously, but he was greatly surprised when the Emperor relinquished the scheme in deference to his arguments, after it had been practically adopted. That it was a government's duty to support commerce in times of exceptional distress was stated by De Guer, who drew attention to the issue of Exchequer Bills by the British Government in 1793, and loans were afterwards given by Napoleon, often against Mollien's wishes, in some cases to those whose distress had been caused by their own errors[2].

The evil of public borrowing and of a paper currency is another matter on which the Emperor insists, and the funding system had been denounced so often and so fiercely that Mollien recognised that for this reason a regular system of borrowing was not open to him[3], though he would have preferred it to a state of affairs which he describes as "a permanent state of partial bankruptcy[4]." Napoleon's unwillingness however was not to be overcome, and even though he did not quite live up to his own theories in this respect, he may not have been the less impressed on that account with the dangers to which Great Britain was exposed; rather we may suppose that it was in part his idea of these dangers which accounted for the fact that "he avoided as he would the plague, that factitious system of public credit so fatuitously cherished in

[1] Mollien, *Mémoires*, II., p. 467.
[2] *Ibid.*, III., p. 26.
[3] *Ibid.*, II., p. 160.
[4] *Ibid.*, p. 425.

England[1]." He points out that forty years of peace would be needed to pay off the British debt, and forty years of peace was notoriously a thing impossible. In his addresses to the Corps Legislatif Napoleon constantly takes credit, not entirely deserved, for the absence of borrowing which characterised his administration, and he did not fail to contrast his policy with that of Britain in this respect, and with regard to paper money[2]. Even in 1813 he was anxious to avoid the appearance of borrowing. "We will meet them all," he says, "without borrowing which consumes the future, and without paper money, which is the greatest enemy of social order[3]."

There was another bugbear—revolution—which Napoleon had already seen born of the financial collapse of the *ancien régime.* Unemployment was a symptom of which he had a great dread in his own states, and his shipbuilding was pressed on partly to provide work in the port towns[4]. A manufacturer seeking assistance from the Treasury found that the most potent argument which he could bring forward was the fact that he was a large employer of labour in Paris itself, and that any stoppage of his work would endanger the "tranquillity of a large district[5]." In Britain of course unemployment was notoriously great, and there was no such safety-valve as was provided in France by the imperial armies. British credit had indeed so far wonderfully survived a paper currency, but its situation was precarious and if it once failed the British power was destroyed.

The question of British financial stability was one

[1] Napier, *Peninsular War,* Book xi., ch. ii., p. 377.
[2] *Corresp.,* xiii., pp. 720 sqq.   [3] *Ibid.,* xxvi., p. 605.
[4] *Ibid.,* x., p. 207.   [5] Mollien, *Mémoires,* iii., p. 25.

which Napoleon took care to study and in the spring of
1803 he instructed his ambassador at St James's to give
him information about the country and especially to send
" as many details as possible about the situation of the
finances[1]." No doubt his secret agents kept him posted
on the same subject and in general he was fond of reading
papers on finance and economics for information if not
for counsel[2]. In writing to thank Laplace for a work on
money he asks for additional help, and he enquires too for
a pamphlet of D'Ivernois[3]. In 1802, soon after the Bank
of France was founded, he received several treatises on
banking, but was satisfied with none of them and handed
them on to Mollien for his opinion, which the latter found
it advisable to give in two notes of his own on the same
subject[4]. But in February 1803 Napoleon mentions to
Barbé Marbois the pleasure given him by a plan of finance
by De Guer, and expresses a wish that the latter should
write in more detail " on the true situation of the English
finances[5]," to which he had probably made some reference
of the same kind as those which occur in the *Essai*; an
intimation of this nature was of course a command and in
the same year De Guer brought out his *État de la situation
des finance de l'Angleterre et de la banque de Londres au
juin* 1802. In the note above referred to, Mollien had
taken the opportunity to remark, that the mistake made
by those who still repeated that a sudden increase of
money sufficed to enrich a country was exactly that which
Law had converted into a system during the four years
of his disastrous ministry, and he pointed out that this

[1] *Corresp.*, viii., p. 291.   [2] Mollien, *Mémoires*, i.—xi.
[3] *Corresp.*, viii., pp. 140, 156.   [4] Mollien, *Mémoires*, i., p. 304.
[5] *Corresp.*, viii., p. 289.

same mistake was again reproduced "in a little work on commercial credit" in which the author supposes that "the extension of a circulating medium by the bank is a means of increasing public wealth." It was perhaps due to Mollien's sound advice that Napoleon did not adopt De Guer's plan for the establishment in France of a large general bank having public funds as its capital and under-taking all receipts and payments for the state[1]; but although he refrained from carrying out the positive pro-gramme he may still have been struck with the special danger to the British credit system on which the *Essai* enlarges so repeatedly, and which he seems to have found the most interesting part of the work of De Guer's, men-tioned in the letter to Barbé Marbois. It is certainly clear that his attention was directed to this special subject of British finance and credit in 1802 and 1803, soon after D'Hauterive had been set to prepare public opinion for the prohibition of our trade, and there seems every reason to suppose that after 1805 he made a deliberate attack on British credit, possibly in conjunction with an attempt to secure an exclusive market in Europe for France.

On the one hand then we find Mollien, himself quite realising the virtues of the system which the United Kingdom enjoyed, yet careful to make clear to Napoleon the dangers he might bring upon France if he adopted the measures advocated by De Guer; on the other De Guer, urging the imitation of that system, but still acknowledging in it one serious weakness. What wonder if Napoleon acquired an exaggerated idea of the danger to which Great Britain was herself exposed, especially as it fell in with all his hopes and was insisted on by

[1] Mollien, *Mémoires*, I., pp. 452—3.

those who wished to please him. Alarmist reports as
to the financial situation in London doubtless reached
him through his secret correspondents, and he was notoriously willing to believe what he desired might prove
true. Mollien laments that he avoided the subject of the
blockade when conversing with those whom he knew to
disagree with him, and there were many others to remind
him of the bankruptcies in England and the adverse condition of the exchanges. "When English commerce, to
escape the loss on the exchanges, paid in guineas for some
supplies coming from the continent, they did not fail to
tell him that English capital was hastening to leave an in-
hospitable land to take refuge in France[1]." Yet he tells
us, speaking of the belief that the export of guineas was
an evident symptom of the growing distress in England,
that "Napoleon had not long been the victim of this
mistake[2]," and à propos of the blockade he himself judges
the seriousness of the crisis which England was undergoing by the fact that "the English exchange lost as much
as thirty per cent. It had never been so low[3]." Napoleon,
he tells us, "still believed that his continental system had
shaken the principal support of England's power...he
thought to succeed in ruining her credit, whose measure
he wrongly sought in the capricious course of the exchange,
and to exhaust the source of the subsidies which she could
have given to the new coalition[4]." But the exchange
might be regarded, not in itself as the measure of the
state of credit at the moment, but as a sign that Britain
had no commercial credits with foreign nations which
should help to meet her vast expenditure abroad, and

[1] Mollien, *Mémoires*, iii., p. 36. [2] *Ibid.*, p. 152.
[3] *Ibid.*, ii., p. 443. [4] *Ibid.*, iii., p. 237.

therefore that the withdrawal of gold might ruin British credit at home.   On the continent this may have seemed at a low ebb, but the British people themselves steadily believed in Bank and Government.   Credit had survived the terrible days of February 1797, but still its ultimate guarantee was the reserve on which public confidence rested.   Let us now examine in more detail the measures which Napoleon actually adopted, regarding them not as mere blind attacks on commerce, but as planned to draw away this gold, and so to undermine the fabric of credit which had been raised upon it.

CHAPTER VI

THE CONTINENTAL SYSTEM

WE have seen that as well as the extravagant notions of British weakness current in France, there were to be found clear ideas about the dangers of credit and the uncertainty of British financial stability under the long strain of the Revolutionary and Napoleonic wars. The measures adopted by the Emperor in his attack on commerce when viewed as a whole, are consistent with an intelligent plan for undermining the credit of the government and Bank of England and from this standpoint even the exportation of corn to Britain which he allowed, fits in as part of a considered policy. We have now to see how that policy was put in practice, and how far he succeeded in carrying it out in spite of the necessities of the moment and the opposition of the subject peoples. Imperfectly executed as it necessarily was, Napoleon's attack upon the prosperity and credit of Great Britain did very nearly succeed in bringing about the ruin of his most powerful and constant enemy.

Herries, an English translator of Gentz' *State of Europe*[1] discussing D'Hauterive's scheme for a common navigation,

[1] Gentz, *State of Europe*, p. lxxxvi.

policy directed against Great Britain, shows that such
action on the part of France alone would simply injure
her, and he dismisses the notion of other nations joining
her in so injurious a course as quite outside the bounds of
probability. Perhaps it was, and France's own helpless-
ness was proved by the failure of her early efforts to attack
Britain through her commerce, and no one foresaw that
France would have the power to make other states co-
operate with her by main force.

The exclusion of British and colonial goods from
France was a popular policy and the Convention had tried
to carry it out in 1793[1]; again in 1796 the Directory
authorised the seizure of such goods in any French port,
but this was a mere shadow of what was to come. In
1801 a clause against British commerce was included in
the French treaty with Naples, and in 1803 Napoleon gained
control of Hanover, Holland and the towns of the Hanse
League. In 1806 Prussia was forced to exclude British
ships from her shores and from Hanover, which pro-
voked retaliation upon Prussian trade[2]. Then it was, in
November 1806 that Napoleon issued his famous Decree
from Berlin.

In the preamble he sets forth the reasons of so strong
a measure, which is necessitated by the maritime policy of
Britain, by her ignoring of the rights of neutrals and of
the sacredness of private property at sea, and more particularly by her practice of proclaiming a blockade which
she cannot make effective by force. " We have placed the
British Isles in a state of blockade," he explains to the
Senate, " and we have ordered measures against them
which our heart abhors. We were unwilling to cause

[1] *Camb. Mod. Hist.*, IX., p. 363.   [2] *Ibid.*, p. 364.

private interest to suffer for the quarrels of kings, and to
return, after so many years of civilisation, to the barbarous
principles which characterised the early ages of nations;
but we have been forced, for the sake of our peoples and
of our allies, to fight the common enemy with the same
weapons which he uses against us[1]."

The Berlin Decree accordingly declared the British Isles
to be in a state of blockade and all commerce with them
was prohibited; no British ship was to be received in the
ports of France or her allies and all British subjects in
countries occupied by them were liable to imprisonment
and their goods to confiscation. This harsh measure called
forth a retaliatory Order in Council from the British
government in January 1807, which forbade any ship to
trade between two ports from which British ships were
excluded, on pain of confiscation.

The Treaty of Tilsit in July 1807 brought Russia into
Napoleon's scheme, and a new Order in Council of
November put all ports from which British ships were
excluded in a state of blockade, and trade with the hostile
countries or their colonies was declared unlawful; a second
Order, however, made some concessions to neutrals regarding purely British trade. But the outbreak of war between
Great Britain and Russia and his own occupation of
Portugal convinced Napoleon that the struggle was almost
ended; perhaps he thought that his Milan Decree would
prove the *coup de grâce*. It was issued on the 17th of

---

[1] *Corresp.*, XIII., p. 680. Napoleon appears to have thought that the
immediate loss from cessation of trade would fall entirely on British
manufacturers and merchants. In January 1807 he writes to Jerome:
"les negociants ayant des comptes à parties doubles et n'achetant jamais
qu'à crédit, il est de fait qu'aucune marchandise n'est jamais payée."
Corresp., XIV., pp. 282—3.

December 1807 and declared any ship which submitted to the British regulations to be lawful prize.

The position of Great Britain was indeed most serious; the distress in the manufacturing towns was very great, and no one foresaw the Spanish rising against Napoleon, which was to cause some alleviation. And even when the Spanish American trade was opened, an excess of speculation caused a financial crisis in 1810, at the same time that Napoleon's political position was strengthened by his Austrian marriage. Three times the average number of bankruptcies took place, the growth of taxation and debt was rapid, the country was full of misery and discontent and the exchanges were 30 per cent. against the British. Napoleon's eyes were fixed on these signs, and he made no attempt to starve his enemy out. "His great aim," Mr Rose writes, "was to deplete the stores of bullion in London, lower the rate of exchange and in every way undermine British credit[1]." He annexed the north-west coast of Germany and ordered the burning of the British goods which had found their way into Europe; in 1811 he prophesied to the French Councils of Commerce that Britain would be bankrupt in six months. But Alexander was already wavering in spite of all Napoleon's efforts to confirm him in the alliance. "It rests with your Majesty," he writes in October 1810, "to have peace or to continue war....The English are suffering much from the annexation of Holland and from my occupation of the ports of Mecklenburg and Prussia. Every week there are bankruptcies in London which cause confusion in the city. The manufacturers are without work; the warehouses are crammed....Six hundred English merchantmen

[1] *Camb. Mod. Hist.*, ix., p. 372.

which were roving about the Baltic...are heading for your Majesty's states. If you admit them the war will still continue[1]." Again in December he describes the signs of distress visible in England : " Bankruptcies are multiplied ; the exchange has fallen 25 per cent.; the public funds have fallen, and the alarm of the manufacturers and merchants can no longer be hidden[2]." But in that very month Alexander began to admit colonial goods and gradually he gave up the Continental System altogether, and in 1812 it was finally destroyed by the peace between Great Britain, Russia and Sweden.

Even at its height the Continental System could not from its very nature be thoroughly carried out; British goods were indispensable to the continent, and a large contraband trade sprang up. It flourished naturally in Holland and by the canals and rivers of Germany by which British goods could easily be carried to France, Switzerland, etc.; Heligoland made an excellent depôt for these goods. Napoleon made constant complaints to Louis and his government that " the commerce between Holland and England has never been more active than since the decree of a blockade, nor the communications with England more rapid and numerous[3] "; but he could not get his wishes carried out, and after many threats and protests finally decreed the reunion of the country to France. But in every other continental state the same thing went on in some degree, British merchantmen could freely reach all the coasts of his vast empire, and they had many friends ashore, nor were the governments always willing to defy their subjects, even if they feared Napoleon more. And

[1] *Corresp.*, xxi., p. 275.   [2] *Ibid.*, pp. 349—50.
[3] *Ibid.*, xiv., p. 419.

they were frequently reminded of his wishes; "Tell the Neapolitan minister," he says, "that the King behaves ill; that when they forsook the continental system, I did not even spare my own brothers and that I shall spare him still less[1]." Bernadotte was equally intractable in matters of commerce, even when forced to declare war[2]. An army of agents were sent to enforce Napoleon's will, but they were not always to be trusted and the opportunities and temptations to corruption were enormous. From Hamburg M. Bourienne was recalled to France on suspicion of carrying on intrigues with London and of having made an enormous fortune by illicit means[3]; the police were denied all power to interfere, on account of the abuses they allowed[4], and goods were smuggled through for the benefit of the Empress Josephine[5]. The devices of traders were numerous; American ships laden with British goods were escorted to the continent by British cruisers, and British merchantmen masqueraded under the flags of Spain, Denmark, Russia, Sweden and even of France, and were provided with French consuls' certificates which were openly forged in London. "Out of 2000 ships which entered the Baltic this year," says Napoleon, "not one was a neutral[6]," and he insists that all colonial goods must be confiscated as it is impossible, especially after the American Non-intercourse Act, that they should be anything but British, whatever papers they carry or under whatever flag they sail.

But even more remarkable was the system of licences

---

[1] *Corresp.*, xxii., p. 10.   [2] *Ibid.*, xxi., p. 385.
[3] *Ibid.*, xxiii., pp. 121 ; xxi., pp. 381—2, 99—100.
[4] *Ibid.*, xx., p. 55.   [5] *Ibid.*, xvi., p. 157.
[6] *Ibid.*, xxi., p. 350.

by which some trade was allowed to go on by both the governments concerned. As the regulations increased in stringency and the demand for British and colonial goods grew, the number of licences for disregarding the orders increased also. In the first year of the war the British government issued 68, by 1806 the number had risen to 1620, and in 1810, after Napoleon's system was well established, it reached 18,356; from that year the number commenced to decline[1]. It was of course supposed to form an outlet for British commerce but raised a storm of criticism as being a departure from the old navigation policy, and surrendering our carrying trade, not to neutrals merely, though that would be bad enough, but to enemies under the rule of France itself. The merchants of Hull complained that " at a period of great national impoverishment, when the balance of Foreign Payments has near exhausted the specie of the Kingdom, we are by this impolitic system, paying millions per annum to Foreigners, to hostile Foreigners, for becoming the Carriers of goods, which British ships had previously been engaged in conveying[2]." As late as 1812 Mr Justice Phillimore writes that so general " have been the terms of these indulgences, and so lavish the issue of them, that by their operation we have revived, restored and invigorated the drooping mercantile marine of Denmark and France[3]." Thus too the seamen of Holland and the north, were trained in our own waters and allowed to gather knowledge which might be fatal to our national existence. No less deplorable

---

[1] Leoni Levi, *Hist. of British Commerce*, p. 109.

[2] J. Phillimore, *Reflections on the nature and extent of the Licence Trade*, p. 84.

[3] J. Phillimore, *Letter respecting the Orders in Council*, p. 47.

were the moral effects of this kind of trading, honesty had become impossible and even perjury was no longer accounted a crime; the whole thing was liable to gross and frequent abuses, and we were as likely to be ourselves deceived by those whom we encouraged to deceive the enemy.

On the other hand Napoleon had been finding that commerce was not easy to manœuvre as he wished, and licences were issued by him also, which for the ships holding them rendered his decrees null and void, so long as they fulfilled the conditions specified in the licence. These often referred to the nature of the goods to be carried; for example licenses were granted for the export of goods from Germany and the Hanse towns and of corn and produce on condition that nothing was imported from England, but that they should return at once to France to carry French merchandise to the north. " I give licences," the Emperor explains February 1810, " for the exportation of wine and corn which is for the good of my own states, but not for the importation of colonial goods; and I do not wonder that the English let out the ships carrying these licences, for the English, needing corn, naturally let them come and go, because corn is for them the first necessity[1]." Again September 1812 he writes to Eugene that " the English need of navigation is so great that they are obliged to conform to my measures, and that they give licences to those who have mine....England is really in extremity, and, as for me, I get rid of merchandise whose exportation is necessary to me, and procure colonial goods at their expense[2]." And indeed necessity was too strong for the

<hr/>

[1] *Corresp.*, xx., p. 223.   [2] *Ibid.*, xxi., p. 157.

system; as Napoleon needed British cloth for his army, so he was forced to sacrifice the system to the need for ready money which his enormous enterprises entailed. "My aim," he tells Gaudin, "is to favour the export of French goods and the import of foreign coin. At the same time we can put on a heavy duty which should be fairly productive[1]." In 1812, when the whole scheme had obviously broken down by the defection of Russia and he was in great straits for money, he is even more explicit and hopes to obtain 150 millions from customs and licences ; "No doubt," he writes, "we ought to injure the enemy, but above all we must live[2]." The Emperor hoped thus to share in the profits of the British monopoly which he so loudly condemned, but it was not the treasury which benefited most[3]. The Continental System, while it lasted, had had the effect of stimulating French production. By the system of licences this protection was partially lost, and the relaxation did not benefit the consumers since they had to pay for the licences in the shape of higher prices[4]. The licences were in fact a confession that the "system" was impossible.

---

[1] *Corresp.*, xx., p. 441.
[2] *Ibid.*, xxiv., p. 400.
[3] Mollien, *Mémoires*, ii., p. 444, n.
[4] *Ibid.*, p. 464.

CHAPTER VII

EFFECTS OF THE CONTINENTAL SYSTEM ON BRITISH CREDIT

ALTHOUGH Napoleon's wishes with regard to commerce were so imperfectly carried out, the results were terrible enough, both to Britain and to Napoleon's own subjects. British merchants resident in Europe were most directly affected, and the French occupation of Hamburg in November 1806 was fatal to the old-established factory of the Merchant Adventurers there. The Emperor instructed Mortier " to see that none of the English escapes, to secure the English bankers' houses, to have seals put upon the bank, to seize all English goods, no matter to whom they belong, to have no consideration for the English or the Russians, to arrest even the Consuls of these two nations and to prevent any kind of communication with England[1]." These orders were not fully carried out, but the French sealed up the offices and warehouses in the factory and placed sentries over them, and the leading members of the community had their houses surrounded and were threatened with transportation to Verdun. They were obliged to make a declaration of all their goods, but on

[1] *Corresp.*, XIII., p. 666.

appealing to the Senate and the French authorities they
were granted some delay, and succeeded in inducing
M. Bourienne, the French minister who later got into
trouble on account of his conduct at Hamburg, to use his
influence on their behalf. Finally an arrangement was
made by which the Senate guaranteed their goods on
condition that they kept them at its disposal and gave
additional security to cover possible depreciation in value.
But Napoleon had ordered the arrest of the merchants and
the confiscation of their goods, whereby he hoped to supply
himself with shoes and other necessaries for the army[1].
Later he sends instructions that they should be sold.
" I hear nothing," he writes, " of the English merchandise
which has been confiscated in the Hanse towns; though
it is high time they were done with. You know I wish
to lose nothing. I expect to get at least from 18 to 20
millions from them[2]." Still nothing was done though
Bourienne had not been left in ignorance of the Emperor's
displeasure. "Reiterate the formal orders," Napoleon writes,
to Talleyrand, " that the Englishmen are to be arrested,
the English factory altogether shut and the English goods
confiscated....Enjoin upon him...to let you know the
intrigues and corrupt measures which have been employed
to counteract the effect of my orders[3]." However this
may have been it is certain that early in 1807 the
merchants had been allowed to dispose of all goods which
were not of British manufacture or the produce of British
colonies, but in August they received peremptory orders
to give up the title and privileges of a British Factory,
and to break off every commercial connection existing

[1] *Corresp.*, xiv., p. 199.   [2] *Ibid.*, xv., p. 619.
[3] *Ibid.*, p. 573.

among them; this was to be done as the "uninfluenced wish of the Factory." Finally they were obliged to renounce their status as British subjects and to become Burghers of the town, with some small concessions as to military service and pensions to former employés of the factory. In return for this last, the buildings were surrendered to the town[1].

In Britain itself the results of such misfortunes were very grave. In 1809 the French arrested 600 vessels at Stralsund, another severe blow, and in the following year speculations in Spanish wool caused many failures, and of course threw out of work the dependents and employés of all those involved. Speculative exports to South America ruined five important houses in Manchester, and their fall as usual brought about that of many lesser firms also. Merchants begged the Bank Directors to give some assistance to commerce, but the claims of government had first to be satisfied[2].

The United States Non-intercourse Act threatened one-third of the whole of British commerce, and the war of 1812 which British concessions were not early enough to avert, lessened the supply of raw cotton from Carolina. The cotton trade had already suffered severely by the loss of Tobago, which was taken by the French[3]. But the manufacturers were more seriously distressed by want of markets for their goods, the orders they received were small and production was reduced to a minimum. Many people were thus thrown out of employment and all suffered from the high prices of the necessaries of life. As early

---

[1] *Reports*, 1835 (181), xlviii., *Hamburg Complaints*, p. 141.

[2] Leoni Levi, *Hist. Brit. Commerce*, pp. 126—7.

[3] Cunningham, *Growth of English Industry and Commerce*, p. 689.

as 1808, which was the first year, according to D'Ivernois, when the Continental System had its full effect, a petition from Bolton was signed by 30,000 who were in want of bread[1]. As time went on, the import trade also suffered in its turn from the same cause. The Hull merchants, in a Memorial already referred to, pointed out that "if our export trade is in any manner destroyed our power of importing must suffer in a correspondent degree: for the trade of import and export constitutes a system of barter, the balance of which can only be liquidated by bullion ; and our bullion being now nearly exhausted, our power of importing will cease as soon as that of exporting is destroyed[2]." The merchants were dissatisfied with the policy of the Orders-in-Council, but failed to suggest any better plan for breaking down Napoleon's exclusive system, which they felt must be done at all costs.

The opening of Spanish America to British trade, which was expected to give great relief, really led to increased speculation and further disasters, and as it was all the Bank could do to support the simultaneous demands of the government, commercial credit was very seriously affected. But this was caused not so much by the restrictions as by the ill-judged use of opportunities of relaxation, and it is not clear that the situation was really worse than at the beginning of the war, though of course the number of failures was proportionately larger as trade had enormously increased since that period. In 1810 an inquiry into the state of affairs seemed necessary, as had also been the case in 1793, and both Reports describe the difficulties of perfectly solvent houses, which, being unable to realise

[1] Leoni Levi, *op. cit.*, p. 127.
[2] J. Phillimore, *Reflections on the Licence Trade*, p. 89.

their goods, were forced to stop payment. The stagnation of credit which resulted prevented others from obtaining the accommodation which they had been accustomed to receive, and each succeeding failure increased the difficulties of the houses which were left. General loss of employment followed, and immediate relief was felt to be necessary in order to avoid "consequences of the most serious national importance[1]." But the report of 1810 assigns the cause chiefly to the speculation which took place on the opening of the Peninsula, Spanish America and Brazil to the adventures of British merchants. Such enormous quantities of goods were sent that the markets were quickly glutted, and in some cases the things exported were quite unsuitable, and the traders, being unable to realise their property immediately, could not pay the manufacturers at the proper time. Many failures took place among export houses which could easily have paid in full in three, four, eight, twelve or sixteen months; manufacturers reduced the amount of their work sometimes by one-half, and numbers of work-people were discharged, while many of those who were kept on could earn only about half their ordinary wages. The distress reacted on importers of those articles in which the payment for manufactures generally came back, such as sugar, coffee, etc., and the situation seems to have been aggravated by the warehousing of quantities of foreign goods which took place after the opening of the West India Docks. "The greater part of the immense production from those places (from which formerly we received but little property direct, except Bullion) now comes to fill the warehouses,

[1] *Reports*, 1826 (23), III., p. 129, *Committee on state of Commercial Credit*, 1793.

and for a time to exhaust the Capitals of the Merchants of this country. Our conquests also have had the same tendency[1]." As in 1793, the Committee recommended the issue of Exchequer Bills, but to an even larger extent, in the hope of tiding over the crisis.

But great as the distress was in these years, it did not operate as Napoleon had expected in ruining the public credit of the country and making it impossible for the administration to get money. Extraordinary as it may seem, there was no increasing difficulty in borrowing in 1812 as compared with twenty years before. To the French government this must have appeared quite impossible, but there can be little doubt that it was actually the case. The funding system, though in the long run more burdensome to the national wealth, has the great advantage of preventing the risk of the shock to industry which must always be caused by a sudden great increase of taxation. It is on this ground that the action of the British government can be defended; but McCulloch has shown that, apart from the loans and the interest paid on them, there was during some years of the war an actual excess of revenue over expenditure, and sometimes quite a considerable surplus. And during the greatest efforts Napoleon made under his Continental System there was regularly this excess of revenue—that is to say, that from 1807 to 1811 when the collapse of the system was beginning, the produce of taxation more than covered the cost of carrying on the administration of the country[2]. There was therefore good reason for the public confidence, and

---

[1] *Reports*, 1810–11 (52), ii., p. 370, *Committee on Commercial Credit*, 1811.

[2] McCulloch, *Taxation and the Funding System*, Part III., ch. i.

the terms upon which ministers borrowed were so advantageous to the investor that people were quite willing to run the risk involved. In 1803 Sir John Sinclair writes that "Any surplus they can spare, it is natural for them to reinvest in the public funds, more especially in time of war when the profit is so considerable. There is reason to believe that out of the 18 millions now annually paid to the public creditors on the debt, funded and unfunded, a sum little short of one-fifth part is annually reinvested in the funds, which increases rapidly their value in time of peace, and is one of the most important resources for obtaining money in time of war which the public possesses[1]." There seems to have been little change in the attitude of investors during the years that followed; we find that the price of the three per cent. stock purchased by the Commissioners for the redemption of the debt, which was as low as £56. 16s. 6d. in the first year of the war (1804) continued to rise steadily until 1809 when it was at £68. 1s. 8d., and even then, although it fell again in the three terrible years from 1810 to 1813, it did not sink below £58. 15s. 9d., which was the price in the last-named year. This was confirmed by the rates of interest paid by the government during these years which were never as high as that paid in 1804, viz. £5. 9s. 2d., and the lowest point was actually reached in 1810 at £4. 4s. 2d.[2] Evidently confidence in the government was not shaken in the way which Napoleon anticipated.

But the Bank reserve, the real foundation of the credit system, was affected, though it never reached so low a

[1] Sinclair, *Hist. of the Revenue* (3rd Ed., 1803), Part III., ch. iii., p. 139.
[2] Hamilton, Table VIII.

point as it had done in 1797. During the first years of
the Napoleonic war, 1803–8, it tended to increase and was
at £7,855,470 in the February of the latter year. But
the full effects of the Continental System were then being
felt, and in the beginning of 1809 we find that the reserve
had dropped to £4,488,700 and continued steadily down-
wards until 1815 when it was only £2,036,910[1]. The
increasing anxiety of the government is clearly shown in
the instructions sent by the Customs Board to their local
officers as to the special care to be taken to prevent the
illicit export of gold from England.   In March 1797, just
after the stoppage of the Bank, they had drawn attention
to this matter, and in the autumn of 1808 they found it
necessary to send out reminders of the warning. From
this time until 1811 followed a series of similar orders at
extraordinarily frequent intervals, sometimes conveying
special information as to particular attempts which are
expected to be made to export gold to Holland, Heligoland
and France.   In addition, commanders of cruisers and
other officers are enjoined "to have a constant and watch-
ful attention to Vessels, which are departing or may have
cleared out from this kingdom, particularly when bound
to the continent of Europe; and also to Boats proceeding
from the coasts when any ground of suspicion may arise;
and in all such cases most strictly to rummage, with a
view to discover if any Coin of the realm, or any Bullion
without entry are illegally conveying therefrom[2]." Any
drain of gold, legitimate or illegitimate was difficult to

[1] *Parl. Papers*, 1832 (722), vi., Appendix V, *Committee on Bank
Charter*, pp. 505—9.
[2] *Ibid.*, 1810–11 (103) x., pp. 247—9, *Corresp. of Commissioners of
Customs*.

make good, as the importations, which in the nineties had
generally amounted to over £2,000,000 in a year, were
seriously falling off. For the year ending February 1811
no gold was brought into the Mint from abroad though
£316,935. 13s. 6d. was coined from ingots previously
imported[1]; in the same period £174,500 worth of gold
was deposited in the bullion office of the Bank, but on the
other hand £227,311 was delivered out, of which £48,627
worth was bar gold for exportation[2]. It may well be
doubted if the government could have survived the strain
had Napoleon succeeded in maintaining his attack until
the outbreak of the American war.

As supplies of gold became harder to obtain, the
expenses abroad could only be met with the greatest
difficulty. In Portugal Sir Arthur Wellesley found himself terribly handicapped by shortness of money. In June
1809 he writes to Lord Castlereagh, " I was in hopes that
I should have marched before this time, but the money is
not yet arrived....I am apprehensive that you will think
I have delayed my march unnecessarily since my arrival
upon the Tagus. But it was, and is, quite impossible to
move without money. Not only were the officers and
soldiers in the greatest distress, and the want of money
the cause of many of the disorders of which I have had
occasion to complain ; but we can no longer obtain the
supplies of the country, or command its resources for the

---

[1] *Parl. Papers*, 1810-11 (17), x., pp. 191—3, *Gold imported into
the Mint*.

[2] *Ibid.* (21), x., p. 303, *Gold in the Bullion Office of the Bank*. The
supposition that the gold in the country was practically exhausted is
borne out by the fact that in the two years following the war, 1815 and
1816, no gold was either imported into or coined by the Mint.

transport of our own supplies either by land or by water....
I hope that you will attend to my requisitions for money;
not only am I in want, but the Portuguese government, to
whom Mr Villiers says that we owe £125,000. I repeat,
that we must have £200,000 a month, from England, till
I write you that I can do without it; in which sum I
include £40,000 a month for the Portuguese government,
to pay for twenty thousand men. If the Portuguese
government are to receive a larger sum from Great
Britain, the sum to be sent to Portugal must be proportion-
ably increased. Besides this, money must be sent to pay
the Portuguese debt and our debts in Portugal. There
are, besides, debts of Sir John Moore's army still due in
Spain, which I am called upon to pay. In short, we must
have £125,000, and £200,000 a month, reckoning from
the beginning of May[1]." The Peninsula had not yet been
recognised as the chief seat of war, and money was freely
spent on other objects, such as the Walcheren expedition,
and vast sums were also required in other places for the
navy, the garrisons and the foreign subsidies. Matters
did not improve in course of time, and in 1810 Napier
tells us that "the country, inundated with banknotes, was
destitute of gold. Napoleon's continental system burthened
commerce, the exchanges were continually rising against
England, and all the evils which, sooner or later, result
from a factitious currency were too perceptible to be
longer disregarded[2]." This was serious enough at home,
and credit and paper money were of no value in Spain.
Nor did things improve as time went on. In 1813 the
Duke of Wellington found his financial situation almost

[1] Napier, *Peninsular War*, Vol. ii., Appendix XIV.
[2] *Ibid.*, Book XI., ch. ii., p. 384.

desperate, as he was deeply in debt and "could scarcely stir out of his quarters on account of the multitude of creditors waiting at his door for payment of just claims," and this was the moment chosen by the government, which was supplying him with only £100,000 a month, to send out Colonel Bunbury, Under-Secretary of State, to protest against his expenses[1].

The large importations of corn, necessitated by the years of scarcity from 1809 to 1811, of course added enormously to the British expenditure, as had been the case also in France immediately before the Revolution. The exchanges remained steadily adverse to Great Britain and prevented the influx of bullion which should have eased the position of the Bank. "The unusually large government expenditure abroad, and the extraordinary sums paid for freights to foreigners, during the greater part of the interval under consideration, while the Continent was almost hermetically sealed against exports from this country (so that a vast amount of transatlantic produce and manufactured goods, which would, in an ordinary state of commercial intercourse, have served to discharge the greater part or the whole of those payments, were locked

[1] Napier, *Peninsular War*, vi., p. 468. When Wellington entered France he adopted an ingenious plan for avoiding the difficulties of the exchange, which often caused quarrels between the troops and the shop-keepers. "Knowing that in a British army a wonderful variety of knowledge and vocations good and bad may be found, he secretly caused the coiners and die-sinkers amongst the soldiers to be sought out, and once assured that no mischief was intended them, it was not difficult to persuade them to acknowledge their peculiar talents. With these men he established a secret mint at which he coined gold Napoleons, marking them with a private stamp and carefully preserving their just fineness and weight, with a view to enabling the French government, when peace should be established, to call them in again." Napier, vi., p. 518.

up and unavailable) account for the great pressure upon,
and the low state of, the exchanges, without the supposition
that an excess of paper (except by mere comparison with
its standard), was the originating and determining cause
of that depression[1]." The currency was depreciated, and
prices rose, but Tooke shows that there was a similar rise
of general prices in France also ; and the scarcity of corn
which helps to account for it, was an anxiety to Napoleon,
who had experienced serious inconvenience from this
cause, and seems to have greatly dreaded a recurrence of
it[2], and his own experience must have brought home to
him how indispensable corn was in England.   But the
depreciation of our paper, which did not become really
noticeable till 1808, more than ten years after the Cash
Suspension, is not satisfactorily accounted for by the note
issues of the Bank alone, and it seems likely that the
operation of the decrees on the gold reserve was a con-
tributory cause, even though it is true that the main
sources of British revenue were not affected by the
interruption of commerce with Europe[3].

As the stability of the government survived the financial crisis, so was it sufficient to resist the social disorders
which resulted from the general distress due to the war
and to the rapid industrial changes.   In many cases this
led to serious rioting, as the Treaty of 1786 had done in
France.   But there was one most important difference;
for in England the discontented and starving workmen
turned, not to the government, but vented their indigna-

[1] Tooke, *History of Prices*, Vol. I., Part IV., p. 375.

[2] *Corresp.*, xv., pp. 35, 185.

[3] D'Ivernois, *Effets du Blocus Continental*, p. 37, n., and Rose, *Eng.
Hist. Review*, August 1893, p. 271.

tion upon their employers or upon the machinery to which they attributed their hardships. The Luddite Riots of 1811, serious as they were, did not directly threaten the existence of the government as the French government had been threatened by the thousands of paupers gathered at Montmartre. The States General in their war on privilege and trade restrictions had swept away at once the guilds by which the masters still regulated their different trades; and the rules of these corporations were replaced by police regulation, wages were to be fixed by the magistrates and general supervision exercised by the municipal authorities[1]. The place of the private employers and corporations was to be taken by the State, and the workers of each trade in turn sent a deputation to the Louvre demanding a minimum wage; Paris was full of unemployed and martial law had to be invoked to deal with the riots in the streets[2]. The English workmen, unaccustomed to the constant interference of a highly centralised government, did not turn upon it in vengeance when trouble came. Private employers and private fortunes suffered severely but the public credit was still maintained.

[1] Levasseur, *Histoire de l'industrie en France*, pp. 111 sqq.
[2] *Ibid.*, pp. 136—8.

CHAPTER VIII

CAUSES OF THE FAILURE OF THE CONTINENTAL SYSTEM AS AN ATTACK ON BRITISH CREDIT

IF we examine further into the results of the war, we find that it brought its compensations. The country had large sources of revenue which Napoleon's system did not touch, and on some classes the war conferred considerable benefits. We find in the first place that agriculture became wonderfully prosperous, in many years the war gave a practical monopoly to the home producer, and the price of corn was often extremely high, owing to a succession of bad years. Under this stimulus additional land was brought under cultivation and demanded additional labour. Rents rose, and the landed classes, on whom all the chief burden, not of taxation only, but of poor relief fell, enjoyed an unlooked for prosperity. Larger farms were created, and the work of enclosure went on rapidly; this in itself gave a large amount of employment, and the improvements resulted in doubling the yield of corn and the weight of the fleece and greatly increasing the supply of meat, in short there was a rapid growth of agricultural wealth[1]. The Report on the state of commerce 1810–11

---

[1] Rose, *Eng. Hist. Rev.*, 1893, p. 721.

credit system showed an unexpected strength, and the people, in their utmost need, still did not imitate the starving mobs which ushered in the French Revolution. Here was his great mistake; for though his attack had its effect upon commercial credit and it was impossible for the Bank, which must first of all support the Government, to supply private traders also, and though the people suffered terribly, yet his main purpose was not attained, he could not impair confidence in the stability of the British government. The history of the National Debt in Britain may tell of a constantly increasing burden of taxation, a burden still felt a century after the Berlin Decree, it may tell of mismanagement and extravagant or ridiculous finance and show how imperfectly credit was understood by those in power, but it does not tell of failure and dishonesty. " It is by the violation of its engagements," says a critic of D'Hauterive, " by the breach of public faith, that a government contracts the most intolerable burdens, and dries up the most plentiful resources[1]," and the British public did not look back, like that of France, upon a long series of bankruptcies and repudiations, and their confidence survived even the Suspension of Cash Payments. Well might a Frenchman wonder " how in the one country in the world which has the most payments to renew, the largest number of salaries to pay and the greatest amount of exchange, the government, the consumers, the manufacturers, and all the different purveyors had been able to fulfil their engagements, keep their credit intact, preserve all their mutual relations and maintain in every detail of social life their customary regularity[2]." That crisis showed

[1] Herries in preface to Gentz, *State of Europe*, p. lxxxvi.

[2] Mollien, *op. cit.*, I., p. 189.

the public spirit of the people, who rose at once to the occasion, meetings were assembled of merchants, magistrates and others who pledged themselves to support the Bank and to take the incontrovertible paper as readily as gold. And they were as good as their word; paper fell, but not as the assignats had fallen, and individuals like Lord King, who understood the situation and sought to protect themselves, were prevented by legislation from setting the example of distrust.

A later writer gives three reasons for the success of the Suspension[1], the stupidity of the people, their patriotism and the extreme cunning of their rulers. The first and third we may set aside, and, considering the spirit of our fathers, ask ourselves if they were not better men than we. At any rate they saw the war through, and so the modern Cambridge historian may blame the excessive confidence which led Napoleon hopefully to undertake the impossible; but by faith the impossible is wrought, and faith and circumstance had already carried him from the depths of poverty and isolation to the highest pinnacle of power; and, with him, France. Who shall say how narrow is the margin of chance between the genius and the dupe, or what would have been the fate of Britain if the long-suffering of Russia had outlasted that of the United States? Be that as it may, for us the moral is the same. Napoleon applied his system at the one period when we were best qualified to resist it[2], and we did so with success. But the years that have passed, with all their changes, find us no less exposed than we were in his days to an attack upon credit. Our credit system was British in

---

[1] Doubleday, *Financial Hist. of Eng.*, p. 143.
[2] Rose, *Eng. Hist. Rev.*, 1893, p. 721.

Napoleon's time, now it is Imperial and international, and so much the greater would its fall be. In time of peace our gold reserve is liable to be dangerously depleted, and any serious drain upon it would be infinitely more alarming if we were at the same time undergoing a political or military crisis, while the activity of the press makes it less probable that among the mass of people patriotism would be reinforced, as in 1797, by ignorance of the true state of affairs. The mere panic caused by the outbreak of a great European war would be likely to cause a run upon the banks, even apart from the interruption of business which would necessarily follow[1]. The story of the Napoleonic wars shows that this is not an imaginary danger. Our economic life is now even more complex, our food supply less secure, our minds less accustomed to the idea of war and our commercial and banking transactions far more widespread than they were a century ago, and though no new Napoleon can shut the world against us, the end might be attained by other means or might come upon us of itself. The Emperor attacked us before the opportunity was fully come; but we should be wise to take the warning to heart and to prepare ourselves by increasing our reserve and strengthening our financial as well as our military and diplomatic position, lest our neglect should prove the opportunity of a lesser man.

[1] Sir R. Giffen, *The Times*, 26 March 1908.

APPENDIX

DES FINANCES DE L'ANGLETERRE

CHAPITRE PREMIER

De la Dette.—Du Rapport de son capital avec la valeur des propriétés foncières.—Des Arrérages de la Dette.—De leur Rapport avec le revenu ou la rente des terres.—De l'Accroissement de la Dette, comparé avec celui de la richesse nationale.

La situation des finances de l'Angleterre est-elle bien connue? Affirmer que non, a tout l'air d'un paradoxe. En effet, les comptes des ministres sont publics, leurs opérations consenties par le parlement, leurs calculs débattus par une opposition toujours prête à jeter l'alarme : hé bien, malgré tant de moyens propres à éclairer un peuple calculateur, la vérité semble lui avoir échappé jusqu'à ce jour. L'ignorance complète des résultats qu'ont amenés les fausses mesures du dernier ministère peut seule expliquer la sécurité des Anglais, et l'engouement de quelques étrangers pour leur systême financier.

S'il fallait chercher les causes de cette illusion dont la durée aura été trop longue pour la nation britannique, serait-il donc si difficile de les trouver? Que, pendant la dernière guerre, le cabinet de Saint-James ait affecté un ton hautain qui impose toujours à la multitude ; qu'il se soit livré à de vastes projets sans s'embarrasser de ce que devait coûter leur

exécution ; qu'il ait brigué l'honneur de donner des subsides à
de grandes puissances, et ait paru les armer à son gré ; que
ses flottes aient obtenu d'inespérés succès, dus tantôt à l'habi-
leté de sa marine, tantôt à la faiblesse de celle des autres
peuples, et quelquefois à la défection d'une partie de leurs
hommes de mer ; que, lorsque les Anglais dominaient sur
l'Océan, il en soit résulté pour leur commerce étranger un
accroissement momentané, il y avait dans toutes ces circonstances de quoi exalter au dernier point la vanité d'un peuple
qui se place sans hésiter au premier rang. Lorsque ensuite
le dernier chancelier de l'échiquier venait demander de nouvelles taxes, on l'entendait parler avec assurance des ressources
de l'état : de prétendus tableaux de tous les revenus, produits
ou capitaux dont se compose la richesse nationale, étaient
présentés par lui ou par les écrivains de la trésorerie ; et, dans
la déception universelle, personne ne s'avisait de chercher ce
qu'il y avait d'hypothétique, d'exagéré ou de purement nominal
dans toutes ces valeurs.

Ce qui n'a pas encore été fait va l'être aujourd'hui ; et cet
écrit, tout court qu'il est, doit donner le bilan de l'Angleterre.

Sans doute, dans l'examen de ses finances, le premier pas
à faire est de constater l'étendue de la dette publique. Je
sais bien que c'est une opinion qu'on cherche à répandre,
que le capital de cette dette est indifférent, et qu'on ne doit
s'occuper que des arrérages ou annuités dont il est cause ;
mais l'erreur est visible. Chez une nation où le gouvernement prétend jouir d'un grand crédit, les arrérages de la
dette doivent être en rapport avec l'étendue du capital.
D'ailleurs, depuis 1786, son extinction graduelle est promise
à la nation ; l'établissement du *sinking-fund* est regardé par
les prôneurs de M. Pitt comme son plus grand titre à la
reconnaissance publique. Or l'époque de la libération totale
de la dette doit être certainement d'autant plus éloignée, que
son capital est plus considérable.

Voici maintenant l'apperçu du montant de la dette au mois de février 1802[1] :

DETTE FONDÉE.

Celle fondée avant 1793.

liv. sterl.

La dette fondée avant la guerre, déduction faite des 39,885,308 liv. sterl. d'effets rachetés par les commissaires au rachat de la dette, et de 18,344,702[2] l. st. qui leur ont été passés à raison du *land-tax* racheté, montait au premier février 1802 à 180,344,792

Celle fondée depuis 1793.

La dette fondée depuis la guerre, y compris le montant des sommes empruntées pendant la dernière session, déduction faite de 20,490,003 liv. sterl. rachetés par les commissaires au rachat de la dette, se montait au 1er février 1802 à . 338,138,360

518,483,152

ANNUITÉS.

Au 1er février 1793 les longues annuités existantes formaient une charge annuelle de .   liv. sterl. 1,373,550

Sur quoi il s'en était éteint au 1er février 1802 pour 123,477

Et une partie était à la charge de l'Irlande.

Il restait au 1er février 1802, déduction faite de ces deux objets, en charge annuelle . . . 1,015,410

Au 1er février 1802 les courtes annuités, celles à vie, accordées depuis 1793, formaient une charge annuelle de 543,103

[1] [The figures are given in Tierney's and Addington's *Finance Resolutions*; Hansard, *Parl. Hist.*, xxxvi.

[2] This should be 18,001,148. It has evidently been erroneously copied from the following figure. A. C.]

DETTE NON FONDÉE.

liv. sterl.

Au 1er février 1802 la dette flottante ou non fondée, consistant en billets de l'échiquier et de la marine, en arriérés des dépenses de l'armée, de l'artillerie, du casernement et de la liste civile, montait à 18,913,867

Ainsi en résumant ces trois articles :

1° La dette fondée, de 518,483,152
2° Les longues annuités, en évaluant leur capital à vingt-cinq années de leur charge annuelle 25,385,250
3° La dette non fondée, de ¹18,913,867

LE TOTAL GÉNÉRAL de la dette, non compris 543,103 liv. sterl. de courtes annuités, était, au 1er février 1802, de . .   liv. sterl.
                                                                  ¹562,782,269
                                                                  de francs.
ou à peu près 13,506,774,466

Pour juger combien le capital de la dette² dont on veut détourner les regards est, au contraire, fait pour exciter les

¹ [The figure in Hansard is 19,309,912, and the total is therefore correspondingly larger than that given by Lasalle. A. C.]

² Il y a plusieurs observations à faire sur le montant du capital de ladite dette de la Grande-Bretagne.

1° Les Anglais ont l'habitude de retrancher de cette dette 29,850,633 liv. sterl. qui sont au compte de l'Irlande et de l'empereur ; mais je n'ai pas cru devoir suivre leur exemple. La Grande-Bretagne est garante de ces deux emprunts, et elle est tenue d'en servir les intérêts, sauf à elle à porter dans son actif ce qui lui est possible d'en recouvrer ; mais il paraît, par les débats même de la chambre des communes, que, l'an passé, l'Autriche a fait éprouver des retards à l'échiquier. En cas d'une mésintelligence ou rupture entre cette puissance et l'Angleterre, la première continuerait-elle à solder les arrérages d'un emprunt contracté pour soutenir une guerre où elles étaient toutes deux parties ? et une des conditions du rapprochement qui surviendrait ne pourrait-elle pas être que l'Angleterre demeurerait seule chargée de la dette ? Il est encore, alarmes de la nation britannique, il faut le comparer à la valeur de toutes les propriétés foncières de la Grande-Bretagne.

Lorsqu'en 1798 M. Pitt fit adopter l'*income-tax*, il présenta le calcul de tous les produits territoriaux et industriels de la Grande-Bretagne[1], parmi lesquels le revenu des terres de l'Angleterre figure pour 25 millions; mais jamais le produit de l'*income-tax*, qui devait rapporter 10 millions, n'a rempli les espérances données par le ministre. Dès la première année, son produit ne s'est pas élevé au-delà de 7 millions et demi,—et, l'an dernier, M. Addington annonça qu'il atteindrait avec peine 5 millions et demi. M. Beecles[2], dans le temps, contredit les assertions du chancelier de l'échiquier, et porta à 20 millions seulement le revenu des propriétaires. J'adopterai cette évaluation comme s'accordant mieux que celle de M. Pitt avec le déficit de la taxe.

Le revenu des terres de l'Écosse peut être considéré comme montant au quart de celui des terres de l'Angleterre.

sans doute, dans l'ordre des possibles que la Grande-Bretagne prenne pour son compte la dette irlandaise; ce sacrifice sera peut-être suggéré au ministère et au parlement comme un moyen de populariser en Irlande la réunion.

2° M. Addington, en 1801, il est vrai, n'a porté la dette publique qu'à 400 millions; mais d'abord il a omis dans ses calculs la dette flottante, qui était alors un objet de près de 28 millions.

Il a également omis les annuités, sur le fondement qu'elles sont une charge temporaire.

Il a déduit aussi, sur le capital de la dette, les prêts faits à l'empereur et à l'Irlande.

Enfin il a retranché du capital de la dette fondée depuis 1798 la partie de cette dette qui devait être remboursée avec l'*income-tax*, et montait à 56 millions et demi.

Si l'on rétablit ces quatre articles, formant un objet de 138 millions sterlings, et qu'on leur ajoute l'emprunt de 25 millions de la dernière session, on trouve un total général semblable à celui que j'ai présenté ci-dessus.

[1] [Hansard, *Parl. Hist.*, xxxiv., pp. 11 sqq.
[2] H. Beeke, *Observations on the produce of the Income Tax.* A. C.]

En multipliant les 20 millions, montant de celui-ci, par 26, selon la méthode d'Arthur Young, et les 5 millions de celui d'Écosse par 22, ainsi que l'a fait M. Beecles, la valeur de toutes les terres cultivées des deux royaumes se trouve être de 640 millions sterl.

Si ensuite cette évaluation est rapprochée des 562, montant du capital de la dette, on trouve que le sol de toute la Grande-Bretagne présente un gage à peine suffisant à ses créanciers.

Maintenant il faut chercher le rapport entre le revenu des terres et les arrérages de la dette.

On vient de voir que ce revenu, en Angleterre et en Écosse, monte à 25 millions. Or, au 5 janvier 1802, selon M. Addington, l'intérêt de la dette publique fondée, frais d'administration et du *sinking-fund*, déduction faite des intérêts payables par l'Irlande, était de

	liv. sterl.
faite des intérêts payables par l'Irlande, était de	[1]22,444,764

L'intérêt des effets publics créés pendant la dernière session, de   665,422

L'intérêt des billets de l'échiquier, de . . .   750,000

	liv. sterl.
TOTAL	[1]23,860,186
	de francs.
ou à peu près	552,644,464

La différence entre le revenu de toutes les terres et des arrérages annuels n'est donc à l'avantage du revenu que d'à peu près un million sterling, ou 24 millions de francs.

On est mené à un résultat bien étrange. Les Anglais vantent sans cesse la situation de leur agriculture ; et la presque totalité du revenu de leur sol est employée à acquitter les arrérages de leur dette. L'Angleterre, regardée comme la terre de la liberté, n'est donc, à vrai dire, qu'une espèce de glèbe dans la mouvance des créanciers de l'état, et cultivée à

---

[1] [A mistake for 22,444,564, making the total only 23,859,986. A. C.]

leur profit ; en aucun lieu peut-être, et à aucune époque, un *chieftain* ou *laird* n'a demandé à ses serfs une aussi grande part dans le produit de leurs champs : aux exactions de la tyrannie féodale a succédé pour l'Angleterre le fléau de sa dette publique.

Un avenir encore plus dur attend la Grande-Bretagne ; il lui est annoncé par la rapidité de l'accroissement de sa dette : on ne saurait trop observer son effrayante progression pendant les six guerres qui ont eu lieu depuis son origine.

A la fin de la guerre commencée en 1688, et terminée en 1697 par le traité de Riswick, la dette était de . . . .

liv. sterl.

[1]21,515,742

A la fin de la guerre terminée en 1713 par la paix d'Utrecht, la dette s'éleva à   53,681,076

Pendant les dix-sept années qui s'écoulèrent depuis 1723 jusqu'en 1739, la dette fut réduite de 8,328,354 l. st. Ainsi, au commencement de la guerre de 1739, elle était de . . . . . .   [2]46,954,624

A la fin de cette guerre, terminée en 1748 par le traité d'Aix-la-Chapelle, la dette se trouva de . . . .   [1]78,293,313

Une nouvelle réduction eut encore lieu par suite de celle des intérêts et de l'emploi d'un fonds d'amortissement.

A l'ouverture de la guerre commencée en 1755, la dette était de . . . .   [1]72,289,673

A la fin de cette guerre, terminée en 1763 par le traité de Paris, la dette fondée était de 122,603,336 l. sterl. ; mais la dette non fondée et les valeurs portées à compte dans cette année et la suivante élevèrent la dette, en 1764, à . .   [3]146,816,182

---

[1] [Hamilton, *Debt*, p. 65.   [2] Hamilton gives £46,449,568.
[3] Hamilton gives only 133,954,270. A. C.]

Au commencement de la guerre de l'Améri- liv. sterl.
que, en 1775, la dette était de ¹129,146,322

Après la cessation de cette guerre, terminée en 1783 par la paix de Versailles, celle non fondée ne cessa de s'accroître jusqu'en 1786, époque à laquelle la dette était de 238,231,248

Les annuités longues et courtes et annuités à vie montaient, à cette époque, à 1,373,550 liv. sterl.

Depuis 1786 jusqu'au commencement de 1793, il avait été racheté par les commissaires aux rachats de la dette pour 10,242,100 liv. sterl. d'effets publics, et il s'était éteint pour 79,880 liv. sterl. d'annuités.

Au 5 janvier 1793 la dette se trouva être de ²227,989,148

Les annuités montant à 1,293,670 liv. sterl.

Au 1ᵉʳ février 1802 les commissaires aux rachats de la dette avaient racheté pour 39,885,308 liv. sterl. d'effets.

Il leur avait été transporté pour 18,001,148 liv. st. d'effets publics pour le LAND-TAX racheté.

Il s'était, en outre, éteint pour 125,707 liv. sterl. d'annuités ; ce qui avait réduit l'ancienne dette à 180,344,792 liv. sterl.

Les commissaires avaient encore racheté pour 20,490,003 liv. sterl. d'effets créés depuis le 1ᵉʳ février 1793 ; et, malgré ces rachats et extinctions, au 1ᵉʳ février 1802 la dette montait à ³562,782,269

Il suit de ce tableau que chacune des précédentes guerres a constamment augmenté la dette de moitié ; mais que,

---

¹ [In Hamilton 122,963,254.   ² Hamilton, p. 65.
³ Hamilton, p. 65, and Hansard, xxxvi., p. 903.   A. C.]

pendant la dernière, la progression a été plus forte, et que la dette s'est accrue des trois quarts.

En supposant que, lors de la première guerre, les causes de cette augmentation agissent, comme elles l'ont fait depuis 1793 jusqu'en 1802, à la fin de cette guerre le capital de la dette devra être d'à peu près *un milliard quatre cent millions sterling*, ou de *trente-quatre milliards de francs*, portant un intérêt d'environ *soixante millions sterling*, ou d'*un milliard quatre cent quarante millions de francs*.

Je veux me livrer à toutes les hypothèses ; peut-être prétendra-t-on que l'accroissement du revenu des terres et des profits du commerce mettra la Grande-Bretagne en état de supporter un pareil fardeau. Il est connu que, lorsque les financiers anglais sont pressés sur l'augmentation de leur dette, ils argumentent de celle de la richesse nationale.

Ceux qui ont étudié la marche des sociétés ont remarqué que l'époque où leurs progrès sont plus rapides est précisément celle où elles commencent à en faire. Ces progrès se ralentissent ensuite ; la société devient en quelque sorte stationnaire, jusqu'au moment où elle se précipite dans un état véritablement rétrograde. Mais, sans tenir aucun compte de cette observation, je suppose que la Grande-Bretagne marche vers une augmentation de richesse du même pas qu'elle a marché pendant le dix-huitième siècle ; le passé peut faire conjecturer l'avenir.

Gregory King, l'un des meilleurs arithméticiens politiques qu'ait eus l'Angleterre, évalua, sous la reine Anne, le revenu des terres à 14 millions sterl. ; en 1776, Adam Smith le porta à 20 millions ; et l'on a vu qu'en 1800, selon les calculs de M. Pitt, rectifiés par ceux de M. Beecles, il devait être estimé à 25 millions.

D'après les tables de Whitworth, les exportations de l'Angleterre, en 1701, montaient à 7,621,053 l. st. ; mais, orsqu'en 1798 la taxe sur les convois fut établie, elle donna

lieu à une évaluation plus exacte des marchandises exportées.
Leur valeur, qu'on avait toujours supposé n'être que de 30
pour 100 au-dessus des déclarations faites aux douanes, fut
portée à 70. Il est évident que la différence devait être
encore plus grande au commencement du siècle. La raison
en est bien simple ; la fraude avait plus d'attraits : beaucoup
de marchandises exportées étaient chargées de droits exor-
bitans. On sait que le ministre Walpole est le premier qui
ait conçu l'idée de ne point mettre de taxes, à leur sortie,
aux objets provenant des manufactures anglaises, pour faciliter
leur débit chez l'étranger. Ce n'est donc pas s'éloigner de la
vérité, que d'avancer que les tables de Whitworth n'ont
indiqué que la moitié de la valeur des marchandises exportées
en 1701, et on ne risque rien de la porter ici   liv. sterl.
pour une somme de   16,000,000
En 1801, d'après la rectification due à la
taxe des convois, et le prix des assurances, l'exportation des marchandises manufacturées dans
la Grande-Bretagne a été d'un peu moins de   .   [1]42,000,000
Qu'on se rappelle qu'à la fin de la guerre
terminée en 1698, le capital de la dette montait
à   21,000,000

Ainsi, dans le cours d'un siècle, le revenu des terres de la
Grande-Bretagne n'a pas tout à fait augmenté de moitié ; ses
exportations ont à peu près triplé, et le capital de la dette
publique est devenu vingt-huit fois plus considérable.
Où donc est cette corrélation tant annoncée entre la
richesse nationale et l'augmentation de la dette ? Ce serait
un acte de démence sans doute, que d'avancer qu'au bout
de dix ans, durée commune d'une guerre, l'Angleterre, déjà
chargée envers ses créanciers de 555 millions d'arrérages,
pourra prendre encore, sur ses revenus territoriaux et les

[1] [*Parl. Hist.*, xxxvi., p. 908. A. C.]

profits de son commerce, un autre milliard et plus pour les intérêts de sa nouvelle dette. Mais ce qui doit arriver est facile à prévoir. Après avoir mis en usage toutes les inventions de la plus âpre fiscalité et tous les subterfuges d'une mauvaise foi déguisée, le ministère sera obligé d'avouer sa détresse, et de manquer publiquement à ses engagemens. Anglais, la seule idée d'une banqueroute vous révolte ; un moment, et vous allez voir que cette banqueroute est déjà commencée.

CHAPITRE II

Examen du Système financier de l'Angleterre.—Ses vices.— Abus que les Anglais ont fait du Crédit public.—Excès des Taxes sur les Objets de consommation.—Renchérissement prodigieux des Denrées en Angleterre.—Situation de la Banque.—Rapport entre les Charges publiques et la Richesse nationale.—Moyens pris pour éteindre la Dette.

Déja de grandes puissances ont été accablées du poids de leurs dettes, et plusieurs ont recouru au triste expédient d'une banqueroute ouverte ou déguisée; mais nulle part la dette n'a absorbé une portion aussi considérable de la fortune publique qu'elle le fait en Angleterre, et les Anglais le doivent sur-tout aux vices de leur système financier.

Les dépenses d'un état se divisent en dépenses ordinaires et extraordinaires. Dans les premières se trouve compris tout ce que coûte le gouvernement civil, l'administration intérieure, celle de la justice, et le maintien des forces de terre et de mer jugées nécessaires pendant la paix. Les dépenses extraordinaires ne se composent guère que de celles de la guerre. C'est pour me servir d'une expression consacrée par l'usage, que je donne le nom d'extraordinaire à ce genre de dépenses. L'état de guerre est devenu presque habituel pour l'Europe, par la fréquence de ses retours; et l'on doit compter que, sur un siècle, il y a à peu près cinquante années de guerre[1].

[1] Depuis la révolution en 1688, jusqu'en 1702, c'est-à-dire pendant l'espace de cent quatorze ans, l'Angleterre a eu cinquante-cinq années de guerre.

Communément un état satisfait à ses dépenses ordinaires avec des taxes ; quelquefois il ajoute à celles-ci le revenu des domaines, qui sont sa propriété ou celle de son chef. L'Angleterre est peut-être la seule puissance en Europe obligée de recourir, en temps de paix, à des emprunts ; et c'est déjà un préjugé défavorable contre son système financier.

Il ne se présente que trois moyens, à l'aide desquels un état puisse couvrir ses dépenses extraordinaires ; leur emploi dépend de sa situation politique, et peut-être encore du caractère de ceux qui sont à la tête de son gouvernement. Le premier est une augmentation de taxes, connue, dans la plupart des états, sous le nom d'impôt ou de taxe de guerre ; mais les dépenses extraordinaires sont communément trop multipliées, pour qu'une taxe de cette nature ne porte que sur les revenus déjà absorbés en grande partie par les impôts habituels. La taxe extraordinaire atteint donc les capitaux ; alors cesse une grande partie du travail qu'ils mettaient en mouvement, et une portion considérable de la nation tombe dans la misère. Au poids de la taxe, il faut encore ajouter la rigueur que le fisc est contraint d'employer dans sa perception. D'ailleurs, la rentrée d'une taxe exige au moins l'espace d'une année, tandis que la plupart des dépenses nécessaires pour une campagne doivent être faites avant son ouverture ; aussi presque tous les gouvernemens, ou ne se servent point de la taxe de guerre, ou ne l'emploient que comme un moyen subsidiaire.

Quelquefois des gouvernemens ont fait, en temps de paix, des économies qui les ont aidés à soutenir la guerre. Amasser un trésor fut chez tous les peuples anciens une maxime d'état : la prodigue Athènes et la pauvre Sparte eurent chacune le leur : la grandeur de celui de Rome était telle, qu'à une époque de la république on le vit suffire à toutes ses dépenses. Mais la coutume de thésoriser se perdit pendant le règne de la féodalité, où les vassaux étaient tenus de servir

c.   7

à leurs frais ; et, lorsqu'on vint ensuite à employer des troupes
soldées, il fut impossible aux gouvernemens de devenir éco-
nomes. Dans les temps modernes on ne trouve que Sully, le
roi de Prusse Frédéric II, et l'ancien gouvernement de Berne,
qui aient eu un trésor. Beaucoup d'écrivains se sont élevés
contre ce genre de précaution de la part des gouvernemens :
est-il donc décidé qu'il faille absolument partager leur opinion ?

Une dépense extraordinaire peut être commandée par la
nécessité ou par le plus indispensable des devoirs, comme
lorsqu'il s'agit de repousser une invasion ou de soutenir
l'honneur national ; mais toute dépense de cette espèce n'en
nuit pas moins aux progrès de la nation obligée de s'y livrer.
La raison en est simple ; cette dépense ne laisse aucune trace
après elle ; trop souvent de nombreux capitaux sont dissipés
sans qu'ils servent le moins du monde à aucune reproduction.
Le soldat, l'agriculteur et l'artisan, peuvent également consommer ; mais, quelque utile que soit le premier, il ne produit
rien, tandis que les deux autres, par leur travail, augmentent
le nombre ou la valeur des objets nécessaires aux besoins et
aux commodités de la vie. Un trésor qui pourvoit à une
dépense extraordinaire est presque toujours le résultat de
l'économie d'une partie des taxes en temps de paix ; si ces
taxes étaient modérées et bien assises, elles n'ont dû porter
que sur des revenus. Sans doute ces revenus, ou partie
d'entre eux, restés entre les mains des particuliers, auraient
pu devenir des capitaux. Ainsi il est vrai de dire que la
formation d'un trésor empêche peut-être la création de
nouveaux capitaux ; mais du moins elle ne détruit pas ceux
déjà existans ; ce qui est un des plus grands maux qu'un état
puisse éprouver. On reproche sur-tout à la thésorisation de
séquestrer un numéraire qui reste oisif ; mais cela n'arrive
que graduellement et d'une manière presque insensible : et, si
l'on craint que ce numéraire, rendu ensuite subitement à la
circulation, ne vienne à l'engorger, il faut songer qu'à son

défaut les gouvernemens, pour solder leurs dépenses, sont forcés d'émettre des billets ou obligations, et que l'effet doit être à peu près semblable.

Enfin, lorsque les progrès de l'industrie et du commerce ont accumulé les capitaux dans un état, le gouvernement a un dernier moyen d'acquitter ses dépenses extraordinaires ; c'est celui des emprunts. Par une suite de la rapidité de la circulation, les capitaux peuvent revenir plusieurs fois, la même année, entre les mains de ceux à qui ils appartiennent : une classe d'hommes se trouve ainsi presque toujours à portée de faire des avances au gouvernement ; elle vend après à d'autres la créance qu'elle a sur l'état. On voit que l'établissement du crédit public, attribué aux talens des administrateurs, est une suite presque nécessaire de l'accumulation des capitaux. Un gouvernement, il est vrai, peut étendre et développer ce crédit par son respect pour ses engagemens ; mais, à cet égard, on exige peu de lui. Tous les gouvernemens emprunteurs ont violé leur foi ; et ils ont toujours trouvé des hommes prêts à se fier à eux.

Lorsqu'une fois un gouvernement a la faculté de recourir aux emprunts, on le voit presque toujours se servir de ce moyen. Il prévient ainsi les murmures que des impôts mis pour les dépenses extraordinaires ne manqueraient pas d'exciter ; souvent même il est applaudi par la nation, bien éloignée de prévoir les maux qu'entraîne une dette publique. Parmi les administrateurs célèbres, Colbert est le seul qui ait eu assez de fermeté pour préférer les taxes aux emprunts.

A quoi ne conduit pas l'envie de se distinguer, et sur-tout la vanité de paraître découvrir ce qui était échappé aux autres? La féodalité, l'inquisition, le pouvoir arbitraire, ont trouvé des écrivains pour les défendre ; l'institution des dettes publiques aurait-elle pu manquer de panégyristes?

D'abord elles furent envisagées comme un emploi utile de fonds déjà existans ; bientôt on prétendit qu'elles formaient un nouveau capital ajouté aux autres, et qui donnait une nouvelle vie à l'industrie et au commerce. L'erreur vint de ce que les effets publics ont été assimilés aux billets de banque, sans qu'on remarquât la différence essentielle qu'il y a entre eux. La quantité des billets qu'on met en circulation surpasse celle du numéraire que les banques ont en réserve ; de sorte que leur excédant est une sorte de capital fictif qui sert à payer une certaine quantité de travail : mais les effets publics ne représentent que les fonds qui ont été prêtés au gouvernement ; et les titres de créance sur l'état, émis à chaque emprunt, sont en proportion des fonds qu'on lui a prêtés. Ces fonds existaient auparavant dans la société ; l'emprunt public leur a seulement donné un emploi différent de celui qu'ils auraient eu. Passés entre les mains du gouvernement, ils servent à entretenir, à solder des classes d'individus qui ne reproduisent rien. Toute dette publique est donc un mal ; ses effets seulement sont plus ou moins nuisibles, selon le mode suivi pour la former, et celui adopté pour l'éteindre.

Si cette dette est modérée, et qu'elle ait été lentement contractée, il se peut qu'elle tire son origine d'économies sur les revenus et salaires faites par un grand nombre d'individus. C'était sur-tout en France, sous le règne monarchique, qu'une dette en partie formée de cette manière devait se rencontrer. Le siége du gouvernement était dans une grande ville non commerçante ; ceux qui pouvaient faire des épargnes ne savaient guère les placer que dans les fonds publics. Les uns s'imposaient des privations pour s'assurer des moyens d'existence sur le déclin de leur vie ; les autres, qui voulaient augmenter leurs jouissances, préféraient un emprunt public à tout autre placement dont ils auraient retiré un moins haut intérêt. Une dette semblable nuisait peut-être à l'accroissement de la fortune publique, parce que quelques-unes des économies dont elle était composée auraient pu concourir à la formation de nouveaux capitaux ; mais une grande partie n'eût, selon toute vraisemblance, servi qu'à payer des dépenses de luxe et non reproductives.

En Angleterre, la dette publique a de tout autres élémens. Une grande portion des dépenses publiques étant toujours soldée par des emprunts, ceux-ci sont trop considérables pour pouvoir être remplis par des fonds provenant de simples économies. Ainsi tout emprunt, dans cette contrée, détruit des capitaux qu'il enlève à un emploi utile.

Le mode de libération n'est-il pas également funeste ?

Avant que les ministres eussent perfectionné la science du crédit, ou, en autres termes, égaré la nation sur ses vrais intérêts, toutes les fois que le gouvernement voulait faire un emprunt, il recourait à ce qu'on appelait alors des anticipations. Un impôt était établi, non seulement pour payer les intérêts de l'emprunt, mais encore pour en rembourser le capital dans un très-petit nombre d'années. Cette méthode, sans doute, faisait arriver dans les coffres de la trésorerie une forte partie des revenus des particuliers ; la formation de nouveaux capitaux se trouvait arrêtée : des classes entières devaient momentanément souffrir ; mais il en résultait cet avantage, que les ministres appréhendaient de se livrer à de trop grandes dépenses : ils provoquaient moins la guerre, ou du moins la terminaient plus vîte. Le mal n'avait qu'une courte durée.

L'établissement des fonds perpétuels (*funding system*) succéda par degrés aux anticipations. La nation se crut d'abord soulagée, parce qu'on ne l'imposa plus que pour payer les intérêts ; mais bientôt les emprunts se multiplièrent à un point extrême : on y eut recours pour une partie même des dépenses ordinaires. Alors, pendant la paix, une portion considérable du revenu, et quelquefois du capital de la nation, fut employée à acquitter les arrérages de la dette. Veut-on connaître précisément la charge que le peuple anglais doit aux fonds perpétuels ? Les premiers datent de 1711, deux ans avant la paix d'Utrecht ; au moment de cette paix, le capital de la dette montait à 55 millions, et avait été porté à ce taux par trois guerres : au bout de quelques années il fut réduit à 46 ; et, en 1786, époque d'un nouveau système en finance, trois autres guerres l'avaient fait monter à 239 millions.

On dira peut-être que les Anglais se sont rapprochés de la méthode des anticipations ; et il est vrai que, depuis 1786, M. Pitt a fait établir qu'une portion de la taxe mise pour chaque emprunt serait irrévocablement destinée à en rembourser graduellement le capital. J'examinerai bientôt ce qu'on doit penser du *sinking-fund* : pour le moment, il me suffit d'observer que la portion de la taxe mise en réserve n'étant que du centième du capital de l'emprunt, elle ne peut produire un résultat semblable à celui des anciennes anticipations. D'ailleurs, lorsqu'on s'est avisé de recourir à ce moyen, l'accroissement de la dette était devenu trop rapide : il était impossible d'en attendre raisonnablement la libération de l'état. Pour se convaincre de ce que j'avance ici, il est bon de distinguer les arrérages de l'ancienne dette de ceux de la nouvelle. Des 24 millions dont la totalité se compose, treize appartiennent à la dette fondée depuis l'établissement du *sinking-fund*.

Encore un mot à ceux qui regardent une dette publique comme un moyen de prospérité. Le capital de celle de l'Angleterre est de 562 millions sterling. Or M. Pitt, dans son discours aux communes pour l'adoption de l'*income-tax*, a porté à 15 pour 100 bénéfice du commerce, soit étranger, soit intérieur. Si donc ce capital, au lieu d'avoir été détruit par les dépenses extraordinaires du gouvernement, existait aujourd'hui, il pourrait procurer à la nation britannique un bénéfice annuel de plus de 80 millions sterling, ou de 2 milliards de notre monnaie.

Parmi les vices du système financier de l'Angleterre, il faut encore placer sans hésiter l'habitude qu'a le gouvernement d'acquitter la presque totalité des charges publiques avec des impôts indirects. Ici je prie qu'on veuille bien m'accorder quelque attention ; je craindrais, sans cela, qu'on ne me prêtât des idées que je n'ai point.

Loin de croire avec les économistes que tout impôt, en dernier résultat, retombe sur les terres, et qu'il est tout à la fois plus simple et moins dispendieux d'aller le demander aux propriétaires, que de le percevoir après plusieurs cascades, je pense que la taxe territoriale, quand elle passe certaines bornes, a les plus tristes effets. Une partie trop considérable du revenu des terres est-elle prise par l'impôt, les grands propriétaires voient diminuer leurs moyens de jouissance ; ils se dégoûtent de la propriété foncière, qui se trouve ainsi dégradée : les petits propriétaires, si nombreux dans quelques contrées, perdent une partie de leurs moyens d'existence ; et, grands comme petits, tous sont plus ou moins privés de la faculté de faire sur leurs terres les réparations et améliorations dont elles ont besoin. De là suit une diminution dans les produits du sol qui se répandent dans les diverses classes de la société ; de sorte que toutes se ressentent du poids d'une taxe sur les terres. Mais l'usage immodéré des impôts indirects, tel qu'il a lieu en Angleterre, est de même extrêmement nuisible.

Dans un écrit d'aussi peu d'étendue que celui-ci, ce serait une chose déplacée que de développer la théorie du prix des marchandises : il suffit de rappeler ce que doivent savoir ceux qui ont quelque habitude des matières d'économie politique, que les parties constituantes du prix des marchandises sont la rente de la terre, les profits des fonds, et le salaire du travail. Mais ces trois parties jouent un rôle bien différent. Les salaires et les profits doivent toujours être payés, autrement le travail et les capitaux chercheraient à se tourner vers un autre emploi.   Il n'en est pas de même de la rente ; elle n'est payée que lorsque, les profits et les salaires acquittés, il se trouve un excédant, lequel est alors dévolu à la propriété foncière.   C'est une chose certaine, que le taux haut ou bas des profits et des salaires est la cause du haut ou bas prix des marchandises ; et le taux haut ou bas de la rente dépend au contraire du prix de celles-ci.

Le propriétaire de la rente est, à vrai dire, toujours passif ; et, lorsqu'un impôt direct vient à être établi, il ne peut en rejeter sur autrui aucune partie : il faut qu'il se résigne à supporter seul cette charge.   Pendant le siècle qui vient de finir, l'établissement des vingtièmes et l'accroissement prodigieux des tailles, qui, à la fin de chaque bail, retombait sur les propriétaires, n'ont produit aucune augmentation dans le prix du blé ; il est même à remarquer que le prix moyen de cette denrée a été constamment plus bas que dans le dix-septième siècle.

Les taxes indirectes au contraire ont une action puissante sur la valeur des marchandises.   On peut les regarder comme formant en quelque sorte une quatrième partie de leur prix ; elles frappent sur le consommateur par le renchérissement du salaire, par le remboursement des avances faites pour les payer, et par celui de l'intérêt même de ces avances.   Or, en Angleterre, presque tous les objets de consommation sont taxés ; et, d'ailleurs, il est reconnu que le surhaussement du prix des marchandises imposées tend à élever celui même des marchandises qui ne le sont pas.

On ne peut nier toutefois que les taxes indirectes, lorsqu'elles sont modérées, ne soient préférables aux autres ; elles se confondent avec le prix des denrées, et le citoyen les paie sans s'en appercevoir.   L'état, en taxant les objets qu'on consomme, tire parti, pour accroître le revenu public, des penchants, des habitudes bonnes ou mauvaises des individus.   Si un léger surhaussement survient dans le prix des denrées avant que l'ouvrier ait pu augmenter celui de sa journée, il est forcé de se livrer davantage au travail, afin de se procurer les mêmes jouissances. On le voit devenir ainsi plus actif, plus laborieux; il gagne plus dans le temps où l'équilibre est rétabli entre les deux prix; et la société entière jouit alors d'une plus grande quantité de travail et d'industrie. Mais, quand ces taxes sont trop élevées, voici ce qui arrive : Il est impossible à l'artisan de hausser son salaire dans une proportion convenable; il est contraint de retrancher de ses consommations, quelquefois même des plus nécessaires. De son côté, le fabricant ou le vendeur ne parvient plus à se faire rembourser le prix des taxes par le consommateur; elles détruisent une partie de ses bénéfices, et peuvent morceler son capital. Vainement dit-on que les profits des fonds sont déterminés par leur quantité et le besoin qu'on a d'eux; tout le monde souffrant de la taxe, il faut bien se résoudre à vendre moins cher. Ces capitaux et ces fonds ne vont point, comme on le croit encore, chercher dehors un emploi plus utile; leurs propriétaires sont retenus par trop de liens, ou du moins ils n'usent de ce moyen qu'à la dernière extrémité. La preuve en est facile. Le taux des profits est beaucoup plus haut dans certaines contrées de l'Europe que dans d'autres; cette inégalité ne se remarquerait point, si les fonds se rendaient naturellement où ils rapportent davantage. Enfin le propriétaire de terre, sur lequel tous s'efforcent de faire retomber la plus grande partie du poids des taxes indirectes, souffre de deux manières : il vend moins cher les produits de son sol, et il achète à un prix plus élevé le travail et les produits des autres classes de la société.

Le ministère anglais est, comme on sait, dans l'usage, lorsqu'il ouvre un emprunt, de mettre une taxe pour payer l'intérêt de cet emprunt, et en amortir le capital. Ainsi, chaque année, de nouvelles taxes font hausser le prix des marchandises et des objets nécessaires à la nourriture et à l'entretien du peuple. Cette élévation occasionnerait moins de mal si elle suivait une marche régulière et graduelle ; mais la quotité des emprunts varie sans cesse : il est des années où leur montant est quatre ou cinq fois plus considérable que dans d'autres, et le montant des nouvelles taxes est nécessairement en rapport avec lui[1].

En 1793, avant la guerre, les taxes permanentes montaient à peu près à 15 millions ; celles qu'il a fallu ajouter, depuis cette époque jusqu'au 1er janvier 1802, s'élèvent à environ 10 millions. Ces nouvelles taxes sont l'une des principales causes du renchérissement des denrées. On ne craint point d'être contredit en avançant que, depuis 1793 jusqu'à ce moment, leur prix a augmenté de 40 pour 100.

Un renchérissement aussi énorme est loin de se remarquer dans le reste de l'Europe ; et peut-être peut-on dire que le prix des denrées s'y est maintenu sur le même pied, à quelque différence près, depuis la fin du dix-septième siècle. L'opinion contraire, généralement répandue, est due à deux causes. D'abord les gouvernemens ont souvent altéré leurs monnaies, en donnant à la même quantité d'or ou d'argent une valeur nominale plus élevée. Ensuite les dépenses privées se sont beaucoup augmentées ; de sorte que la vie et l'entretien sont devenus plus chers : mais il est certain qu'en France, le prix des denrées s'est très-peu élevé depuis cent vingt ans jusqu'à

---

[1] *Droits imposés pour satisfaire aux Charges.*

	liv.	s.	d.
Pour celles de 1793	218,535	8	3
Pour celles de 1794	890,595	13	3
Pour celles de 1795	1,357,082	11	9
Pour celles de 1796	1,319,715	17	9
Pour celles de 1797	2,800,801	7	5
Pour celles de 1798	424,470	4	8
Pour celles de 1799	,,	,,	,,
Pour celles de 1800	,,	,,	,,
Pour celles de 1801	,,	,,	,,

ces dernières années[1]. Pour s'ôter tout doute à cet égard, il suffit de jeter les yeux sur la table ci-après ; elle comprend le prix de plusieurs denrées en 1679, pris d'après les lettres de madame de Maintenon et les registres de la communauté des Quinze-Vingts de Paris. Une colonne particulière contient l'évaluation du prix d'alors en numéraire actuel.

TABLE

DU PRIX DES DENRÉES AU XVIIᵉ SIÈCLE.

DENRÉES	LEUR PRIX en MONNAIE DU TEMPS.			LE MÊME PRIX évalué en NUMÉRAIRE ACTUEL.	
	liv.	s.	d.	fr.	c.
Viande, la livre	,,	5	,,	,,	48
Vin des gens, la bouteille ...	,,	4	,,	,,	38
Vin des maîtres	,,	10	,,	,,	96
Sucre, la livre	,,	11	,,	1	5
Bougie, id.	1	10	,,	2	85
Chandelle, id.	,,	8	,,	,,	76
Blé, le setier..................	12	15	,,	24	13
Charbon, le boisseau	,,	4	,,	,,	38
Souliers, la paire	2	10	,,	4	75
Bois, la voie	11	,,	,,	20	83
Voiture des envois de bois...	1	,,	,,	1	91
Huile pour la lampe, la pinte	,,	12	,,	1	15

Privé pour le moment de plusieurs documens officiels, je ne puis offrir au lecteur les prix détaillés des denrées en Angleterre en 1793 ; il trouvera du moins ici celui d'objets de consommation générale à Londres en décembre 1799, et dans le moment actuel. J'ai eu soin d'en choisir un nombre suffisant, pour qu'on fût certain que le renchérissement est général, et non particulier à quelques denrées.

[1] On ne peut nier que le prix des denrées n'ait beaucoup haussé en France pendant cette année. Ce renchérissement doit être principalement attribué à la mauvaise récolte de l'an dernier, à l'extrême sécheresse qui

PRIX *de la Viande à Smithfield, le stone de*
8 livres[1], *sans la Tête et les Entrailles.*

1799.		1803.	
Le 2 décembre.	Le 6 décembre.	Le 12 février.	Le 15 février.
schel. d. sch. d.	schel. d. sch. d.	schel. d. sch. d.	schel. d. sch. d.
Bœuf... 3 2 à 4 ,,	3 2 à 3 10	4 6 à 6 ,,	5 ,, à 5 6
Mouton 3 2 à 3 10	3 2 à 4 ,,	5 4 à 6 4	5 6 à 6 ,,
Veau... 3 6 à 4 4	3 6 à 4 2	6 ,, à 8 4	6 ,, à 7 6
Porc ... 3 6 à 4 4	3 6 à 4 2	4 8 à 6 ,,	6 ,, à 7 ,,
Agneau	....	....	7 ,, à 8 ,,

Prix des Graines.

Le 2 décembre.	Le 12 février.
schel.	schel.
Trèfle rouge, le quintal ... 63 à 126	.............................75 à 110
Idem, blanc .... 70 à 126	.............................80 à 147

Prix du Suif.

Le 2 décembre.	Le 12 février.
schel. d.	schel. d.
Suif de la ville, le quintal à 68 6	.... 74 6
Suif de Russie, *idem* .... 66 ,,	.... 76 ,,

On voit, par les tables ci-dessus, que le prix des denrées
en Angleterre s'est plus accru en trois ans, qu'en France dans
l'espace de cent vingt ans.

a empêché de faire des élèves, et porté même à tuer beaucoup de bestiaux,
faute de pouvoir les nourrir; à la mortalité que ces bestiaux ont éprouvée
dans beaucoup de lieux; enfin à la diminution des eaux dans les rivières,
qui a rendu les transports extrêmement difficiles. A ces causes physiques
on peut en ajouter une morale et politique, qui agit depuis plusieurs
années; c'est l'extrême prodigalité des nouveaux riches, qui mettent un
prix exorbitant aux choses, et que les autres sont ensuite obligés de payer
comme eux.

[1] Il est bon de se rappeler que la livre anglaise est de 14 onces ⅝ de
Paris.

Les taxes permanentes, depuis 1793 jusqu'au commencement de 1802, ont été portées de 15 à 25 millions, et les denrées ont renchéri de 40 pour 100. Ainsi il paraît, au premier coup d'œil, qu'il existe un rapport complet entre l'augmentation des taxes et celui du prix des denrées; cependant ce serait une erreur que d'attribuer le renchérissement aux taxes seules. On peut encore lui supposer deux autres causes.

Si des hommes ont fait fortune trop vîte, il faut s'attendre à les voir dépenser avec une extrême facilité. Leur luxe n'a point de bornes; ils veulent jouir de tout, consommer tout. Le renchérissement est mis par eux, d'abord peut-être plus particulièrement aux objets et aux denrées de luxe; mais bientôt il atteint celles de première nécessité. Depuis la révolution et la guerre, ce mal si dangereux s'est fait observer en France; pour le réprimer, il suffit de maintenir un ordre sévère dans les finances. Mais, en Angleterre, on voit habituellement de ces fortunes rapides, et souvent scandaleuses, qui inspirent la fureur des jouissances à ceux qui les possèdent. Elles doivent leur existence d'abord à un agiotage effréné, alimenté par le capital d'une dette, montant à plus de 560 millions sterl.; aux concussions des agens de la compagnie dans l'Inde[1], et aux bénéfices du commerce maritime, si hardi quelquefois dans ses spéculations, et auquel les intérêts du reste de la nation sont sacrifiés.

Enfin la dernière cause du renchérissement des denrées en Angleterre est l'émission d'abord désordonnée, et maintenant forcée, des billets de la banque. L'expression de *forcée*

---

[1] Rien n'égale la prodigalité et les fantaisies des agens de la compagnie à leur retour en Angleterre, où on les appelle *nababs*. Il leur arrive, entre autres, souvent d'enclorre d'immenses terres à blé, pour se créer des parcs où ils puissent chasser. Cette transformation est devenue si fréquente et si générale, que le bureau d'agriculture de Londres lui attribue une partie de la rareté des grains qui se remarque en Angleterre depuis 1773, et va toujours croissant.

étonnera peut-être quelque lecteurs ; mais elle ne rend que
ce qui existe.   En effet, les billets de la banque sont ad-
missibles en paiement d'impositions : des offres réelles, faites
en cette monnaie, suspendent les poursuites judiciaires ; et
l'opinion est telle, que personne n'oserait refuser un paiement
qui lui serait présenté en billets de la banque.

Les opérations de la banque ont été long-temps enveloppées
de mystère ; et c'est peut-être à cette circonstance qu'elle a dû
une partie de son crédit.   Mais enfin, s'étant trouvée en 1797
dans l'impossibilité absolue de continuer ses paiemens en
espèces, elle fut obligée de recourir au parlement.   Alors le
voile qui couvrait sa situation fut déchiré ; et maintenant il
faut reconnaître :

1º Que la banque, regardée de tout temps comme instituée
pour venir au secours du commerce et de l'industrie, ne leur
rend communément que de faibles services ; qu'on doit la
considérer comme un crédit intermédiaire que le gouvernement s'est constitué ; qu'elle ne sert du moins le commerce et
l'industrie qu'autant que le gouvernement n'a pas besoin de ses
secours, et peut-être encore pour cacher le véritable but de son
institution.

2º Qu'au mois de mars 1797 elle était dans un véritable
état de faillite ; circonstance qui, selon toute apparence, dure
encore aujourd'hui.

3º Que, depuis 1797, la valeur de ces billets a beaucoup
perdu, et qu'ils ont entraîné dans leur chûte la monnaie d'or
et d'argent, qui ne vaut plus aujourd'hui en Angleterre ce
qu'elle valait avant cette époque.

Ces trois propositions vont être reprises successivement,
et établies d'après les comptes mêmes de la banque, et les
rapports présentés sur sa situation dans les deux chambres
du parlement.

*La banque ne sert le commerce et l'industrie qu'autant que
le gouvernement n'a pas besoin de ses secours.*

Que la banque soit dans la dépendance absolue du ministère, c'est une vérité de fait. La crise qu'elle a éprouvée en 1797 est due aux avances excessives qu'il a exigées d'elle. Il faut rendre justice aux directeurs de la banque; ils n'ont cédé qu'après les plus vives représentations au chancelier de l'échiquier; ils avaient même été jusqu'à menacer, à plusieurs reprises, de ne plus acquitter les lettres de change de la trésorerie. Quel moment avait-on pris pour exiger d'eux un service forcé? L'Écosse et l'Irlande faissaient des demandes de fonds inusitées; et le commerce éprouvait les plus grands besoins. Ses opérations avaient acquis beaucoup d'activité; mais on sent qu'elles exigeaient plus de capitaux qu'en temps de paix, en raison du renchérissement du prix du fret, des assurances et des munitions. Inutilement chaque jour s'adressait-il à la banque; et, lorsque le bilan de celle-ci parut, on fut contraint d'avouer que, le 26 février, ses avances au gouvernement montaient à 10,672,491 liv. sterl., tandis que ses prêts au commerce ne passaient pas 2,905,000 liv. sterling. Cette différence entre les prêts au gouvernement et ceux au commerce, tout à l'avantage du premier, n'est pas accidentelle; elle est ordinaire. On peut s'en convaincre en jetant les yeux sur la table ci-après, où sont relatées les diverses avances de la banque depuis 1793 jusqu'en 1797.

On le voit; [1]souvent les avances de la banque au commerce n'ont pas atteint deux millions sterl.: mais leur terme moyen est de 3,024,412, lorsque celui des prêts au gouvernement se trouve de 9,499,234, c'est-à-dire d'une somme plus que triple. Qui pourra croire que trois millions sterling alimentent le commerce et les manufactures de la Grande-Bretagne?

La connaissance exacte des rapports de la banque avec le commerce est loin d'être indifférente; elle indique, au contraire, ce qui doit arriver. On était persuadé qu'outre une grande quantité de numéraire ou de lingots, la banque possédait pour

[1] [See table on next page.]

des sommes considérables d'effets commerciaux ou de lettres de change provenant de ses escomptes. Le contraire est aujourd'hui prouvé ; elle n'a guère en nantissement que des effets de la trésorerie ; et une partie du crédit de ceux-ci

	BILLETS ESCOMPTÉS.	AVANCES AU GOUVERNEMENT.
1793.		
Mars	4,817,000 l. st.	8,735,000 l. st.
Juin	5,128,000	9,434,000
Septembre	2,065,000	9,455,700
Décembre	1,976,000	8,889,500
1794.		
Mars	2,908,000	8,494,500
Juin	3,263,000	7,735,800
Septembre	2,000,000	6,779,800
Décembre	1,887,000	7,545,100
1795.		
Mars	2,287,000	9,773,700
Juin	3,485,000	10,879,700
Septembre	1,887,000	10,197,600
Décembre	3,109,000	10,863,100
1796.		
Mars	2,820,000	11,354,000
Juin	3,730,000	11,269,700
Septembre	3,352,000	9,901,100
Décembre	3,796,000	9,511,400
1797.		
26 février	2,905,000	10,672,490

tenait à ce qu'ils pouvaient être échangés contre des billets de banque réalisables à volonté en numéraire. Sans doute un billet de l'échiquier présente une valeur certaine à celui qui a la faculté d'attendre son échéance ; mais le voilà qui va être soumis à toutes les chances de faveur et de baisse des autres effets publics. Quel motif raisonnable engagera à préférer à ceux-ci des billets de banque qui ne sont plus remboursés, et dont ils forment maintenant le principal et presque l'unique gage? On jugera qu'il est plus simple d'être créancier direct du gouvernement, et il ne peut manquer de perdre le crédit que la banque lui prêtait. L'expérience n'a-t-elle pas prouvé aussi que toute banque qui ne paie pas ses billets doit se dissoudre un peu plus tôt, un peu plus tard? En vain l'autorité prétendrait-elle la soutenir. La banque d'Angleterre éprouvera le sort de notre ancienne caisse d'escompte, qui, comme elle, avait des obligations de l'état, et point de numéraire. Seulement elle aura eu une existence plus longue, et parce que le gouvernement anglais a plus de crédit que notre ancien gouvernement, et parce que l'échiquier a été long-temps assez sage pour ne point abuser de son influence sur les directeurs; mais sa ruine arrivera au moment où sa situation sera bien connue du public; les ministres n'en doutent point. C'est pour cela, et pour cela seulement, qu'ils l'empêchent aujourd'hui de donner son bilan.

La banque était en faillite en 1797 ; *et, selon toute vraisemblance, elle y est encore aujourd'hui.*

La première partie de cette proposition est prouvée par l'état de la situation de la banque en 1797. Quelques données positives, et d'autres d'une extrême probabilité, viendront à l'appui de la seconde[1].

Ce déficit devrait être évalué plus haut. Une partie de l'actif de la banque, de 1,795,000 liv. sterl., était formée d'annuités dans le 5 pour 100, qui, comme les autres effets publics, éprouvaient alors une baisse considérable; une autre partie, de 2,905,000 liv. st., se composait de lettres de change escomptées par la banque. Mais, d'après les liaisons étroites qui existent entre elle et un grand nombre de capitalistes,

[1] [See table on next page.]

n'est-il pas évident que la suspension de ses paiemens devait
entraîner parmi eux beaucoup d'embarras, et des faillites dont
les contre-coups se seraient fait sentir à ceux dont elle avait
escompté les effets ?

Le déficit étant de plus de 2 millions, et le capital de
11,686,000, au premier coup d'œil, la perte pour les actionnaires était d'environ de 15 pour 100. Mais, depuis long-
temps, les actions ne se vendaient plus au pair ; peut-être
maintenant ne trouverait-on aucun propriétaire qui en ait

Situation de la Banque, le 26 février 1797.

PASSIF.		ACTIF.	
	liv. sterl.		liv. sterl.
1° Billets en cir- culation	8,640,250	1° Avances au gouvernement	9,964,413
2° Dette pour compte ouvert, par arriéré non réclamé	5,130,140	2° Annuités avan- cées à la compagnie des Indes ; lettres de change escomptées ; espèces, lingots, etc.	7,632,867
3° Capital dû aux propriétaires, en sup- posant qu'ils dussent être payés au pair ...	11,686,800	3° 11,686,800 l. st. dont les fonds, à 3 pour 100, se vendent à cette époque à 50	5,843,400
	25,457,190		23,440,680
		Déficit...	2,016,510

acquis à ce prix. La veille de la suspension des paiemens de
la banque, elles étaient à 130 liv. sterl., et on les avait vues
à 218. Qu'on calcule maintenant, sur ces prix, la perte des
actionnaires.

On veut que l'arrêt de surséance donnée à la banque l'ait
mise à portée de rétablir ses affaires, et que les Anglais soient
sans inquiétude sur sa situation. C'est ce qu'il faut maintenant
examiner.

Certes, une banque qui veut conserver son crédit a besoin d'une extrême prudence : si elle émet trop de billets, la circulation s'obstrue ; et ils tendent continuellement à lui revenir. Sera-t-il dit que cet embarras dans la circulation ne peut exister, puisqu'il est certain, au contraire, qu'en 1797, la banque s'est refusée à la plupart des demandes du commerce ? Mais les secours qu'en attendaient les négocians ont été suppléés par quelques autres moyens, comme des comptes ouverts entre eux, ou des traites réciproques des uns sur les autres. On doit induire de trois circonstances, que les billets de la banque sont trop nombreux : 1º ils ne sont point émis pour les besoins du commerce, mais pour ceux du gouvernement ; 2º leur circulation est fort restreinte dans la plupart des comtés ; 3º leur nombre augmente souvent sans que l'on remarque plus d'étendue dans les spéculations commerciales. Ce qu'il faut sur-tout qu'une banque ne perde point de vue, c'est d'avoir toujours en réserve une quantité d'espèces suffisante pour faire face aux remboursemens éventuels de ses billets. On a calculé que cette somme devait être la moitié de ceux en circulation ; du moins la banque, dans ses momens de crédit et de prospérité, a-t-elle toujours suivi cette règle ; et ce n'est qu'en 1796 qu'elle s'en est éloignée. Le tableau qui suit indique la faible quantité d'espèces et lingots qu'elle avait dans ses coffres pendant cette année 1796 ; et, au moment de la suspension de ses paiemens, elle est rapprochée de celle de ses billets.

Ainsi c'est moins la quantité de billets en circulation que le manque d'espèces ou lingots qui a amené la crise de la banque.

Depuis, elle a émis des billets pour une somme à peu près double de celle qui existait en 1797[1] ; et il est de toute vraisemblance qu'elle n'a pas plus de numéraire qu'alors.

[1] La banque aurait bien voulu ne point faire connaître le montant de ses billets ; mais, lors des derniers débats dans le parlement, elle a été

Les causes qui avaient produit la rareté des espèces sont connues ; et quelques-unes n'ont pas discontinué d'agir. D'abord il est certain que l'Angleterre est peut-être le pays du monde qui, dans tous les temps, a le moins d'or et d'argent, relativement à l'étendue de son commerce. On ne peut point arguer, il est vrai, de cette circonstance contre sa prospérité.

ESPÈCES ET LINGOTS.		BILLETS EN CIRCULATION.
	1796.	
	Mars.	
2,972,000		10,824,150
	Juin.	
2,582,000		10,770,200
	Septembre.	
2,532,000		9,729,440
	Décembre.	
2,508,000		9,645,710
	1797.	
	26 *février.*	
1,272,000		8,640,250

Une nation, chez laquelle beaucoup de transactions s'opèrent, préfère naturellement aux espèces le papier, dont la circulation est plus commode et plus rapide ; mais l'Angleterre a abusé de

forcée de révéler ce fatal secret ; et il est aujourd'hui avoué par ses directeurs que, le premier février 1803, ses billets (*banck notes*) et les *banck post bills*, payables à sept jours de vue, de 5 l. st.   liv. sterl.
et au-dessus, allaient à la somme de 12,874,830
    Et les billets de 2 et 1 liv. st. à celle de 3,243,580
                                                    ‾‾‾‾‾‾‾‾‾‾‾
                                                    16,108,610 [*sic*]

ce moyen. Des banques s'étaient élevées dans tous les comtés ; d'abord, bien dirigées, elles ont rendu de véritables services au commerce et à l'industrie. Entraînées ensuite par le desir de se procurer de grands gains, ou cédant trop aisément aux demandes de spéculateurs imprudents, beaucoup ont fait faillite. Un des effets naturels de l'excessive multiplication de leur papier a été de retirer de la circulation une grande quantité d'or, qui a dû passer chez l'étranger. Les dépenses de la guerre sur le continent, les subsides payés à divers princes, les deux emprunts impériaux, les sommes tirées par les commandans des armées navales pour les munitions et vivres de la marine, la nécessité où l'Angleterre s'est vue, pendant plusieurs années, de recourir à des blés du Nord et de l'Amérique, ont fait encore sortir des sommes qu'en 1797, la banque évaluait elle-même à plus de 33 millions sterling[1]. Depuis 1797 jusqu'à la paix, les mêmes dépenses ont eu lieu ; et il n'y a aucune raison de croire qu'elles aient été plus modérées. Il vient d'être déclaré au contraire, dans le parlement, que l'importation des blés avait coûté près de 24 millions ; ce qui en ajoute plus de quinze aux neuf déjà dépensés en 1797 pour le même objet. D'un autre côté, la banque, dans ses rapports, n'a pas dissimulé que les métaux fournis par Lisbonne avaient sensiblement diminué. Enfin le change avec Hambourg et Amsterdam a été long-temps défavorable, et l'est même encore en ce moment, quoiqu'il soit beaucoup remonté.

---

[1] *Apperçu de l'emploi de ces sommes pendant les quatre premières années de la guerre.*

	liv. sterl.
Dépenses de la guerre, subsides, emprunts ...	14,988,422
Munitions navales	7,825,876
Vivres de la marine	1,368,921
Grains importés	8,946,012
	33,129,221 [*sic*]

Est-il besoin d'autres indices de la petite quantité d'espèces
monnoyées qui doit se trouver aujourd'hui en Angleterre ?
M. Rose, clerc de la trésorerie, a donné le tableau de toutes
celles qui ont été frappées pendant le règne de Georges III.
On sait que, depuis 1773, toutes les anciennes guinées ont été
refondues, parce qu'elles étaient tellement usées et rognées,
qu'elles ne contenaient plus qu'une quantité de métal inférieure
de 6 à 8 pour 100 à celle qu'elles devaient contenir d'après la
loi. Le total des espèces sorties de la monnaie, jusqu'en
décembre 1800, monte à 44 millions sterl.[1]   On voit d'abord
que cette somme est fort inférieure à celle que l'on estime
avoir passé sur le continent avant et depuis 1797.   Sans

[1] *État des Monnaies d'or frappées depuis* 1773.   [Rose, *Brief
Examination*, Appendix 4.   A. C.]

	liv. sterl.
Monnaies d'or au-dessous du poids achetées et refondues par la banque, de 1773 à 1777	15,246,279

	liv. sterl.	
Lingots envoyés par la banque à la monnaie, en 1772	950,245	
Idem, de 1773 à 1777	2,898,491	
Lingots provenant de guinées qui, par ignorance ou négligence, n'avaient pas été échangées dans les délais de la proclamation ordonnant cette mesure. Ces lingots ont été envoyés par la banque à la monnaie, de 1775 à 1777, et convertis en espèces	1,351,987	5,200,723

Nouvelle monnaie d'or en 1777	20,447,002
Monnaie ancienne restant alors en circulation	5,000,000
TOTAL des monnaies d'or en 1777...	25,447,002

Monnaie d'or frappée de 1778 à 1798	33,831,236	
A déduire pour les guinées au-dessous du poids, et refondues, qui se trouvent dans cette somme	15,328,196	
Il reste		18,503,040
TOTAL des monnaies d'or frappées.		43,950,042

doute beaucoup de transports ont dû se faire en lingots et en barres ; mais à qui persuadera-t-on que l'on n'ait pas converti en lingots, dans ce dessein, beaucoup d'espèces, lorsque, depuis 1797, le lingot, pour des causes qui seront expliquées dans un instant, a presque constamment gagné aux environs de 10 pour 100 sur la guinée ? D'ailleurs, il n'est question ici que des transports qui ont eu lieu pendant la dernière guerre pour le compte du gouvernement, ou pour achats de grains ; mais la guerre de 1777 avait fait aussi sortir beaucoup d'or et d'argent. Le commerce est également contraint d'en acheter beaucoup, dont il se sert pour différens emplois, et notamment pour des envois à la Chine et dans l'Inde. M. Rose, qui a cherché à flatter sa nation, a eu grand soin de présenter *in globo* la fabrication de plusieurs années réunies : s'il eût distingué celle de chaque année, on n'eût point manqué de remarquer que la fabrication moyenne, qui va de deux à trois millions, s'est arrêtée, en 1796, à 162,603 l. sterl., et qu'en 1799 et 1800, elle a été également fort au-dessous de ce qu'elle aurait dû être[1]. L'état des fabrications postérieures à 1800 n'a point été publié : on craint de le faire connaître, tant ces fabrications ont été peu de choses !

Croit-on maintenant qu'il y ait de la témérité à avancer que la banque n'a que très-peu d'espèces ? Les ministres ont beau affirmer le contraire ; ils ne persuadent point celui qui n'a point d'intérêt à repousser la vérité. S'ils ont paru avoir été écoutés lorsque, dans les dernières séances du parlement,

---

[1] *Monnaies d'or frappées depuis la S. Michel* 1796.

		liv. sterl.	
1796	....	162,603	5
1797	....	2,000,297	15
1798	....	2,967,594	15
1799	....	449,961	,,
1800, jusqu'au 29 novembre	....	189,297	2
	TOTAL.........	5,769,693	17 [*sic*]

ils ont donné pour motif de la prolongation de la suspension des paiemens en espèces, la défaveur du change, c'est qu'en Angleterre on ne veut point discuter la solidité de la banque ; elle est regardée comme un instrument d'état, qui doit s'user sans doute, mais que chacun, pour son compte, craint de briser. Fondée en 1694, pour la première fois, elle a suspendu ses paiemens en 1797. Certainement, dans un espace de cent trois ans, où il y a eu six guerres, le change a éprouvé de fréquentes baisses ; aucune cependant n'a amené une pareille violation de la foi publique. On a vu telle époque où elle eût motivé une enquête solennelle ; et le parlement, loin de couvrir d'un bill d'amnistie ses auteurs, eût indubitablement porté contre eux un bill d'atteindre.

Le bilan de la banque est refusé ; mais n'existe-t-il donc aucunes données pour l'établir ? et la probabilité de celles-ci n'a-t-elle pas de quoi satisfaire ?

La banque a pour plus de 16 millions sterling de billets en circulation, et le capital ancien de ses actionnaires monte à 11 millions 600 et tant de mille livres. On doit ajouter à ce capital trois autres millions qu'en 1800 elle a prêtés sans intérêt au gouvernement, pour le renouvellement de son privilége. Il faut chercher le gage de ces trente millions et demi.

J'admets qu'il y a en espèces, lingots et effets commerciaux escomptés, une somme égale à celle qui existait en 1797. Peut-être les directeurs ou les ministres souriront-ils de ma simplicité ; car, si la banque, lorsqu'elle était exposée à rembourser ses billets à leur simple vue, n'avait dans ses coffres que 1,276,000 l. sterl., comment croire que, depuis qu'elle n'est plus soumise à cette obligation, elle aura conservé du numéraire ? D'ailleurs, les ministres ont encore exigé d'elle de nouvelles exportations d'espèces sur le continent. J'ai déjà dit que le lingot avait toujours été très-cher : et il n'est pas vraisemblable qu'elle ait fait la dépense d'en acheter, tandis qu'elle était sûre de n'être point contrainte à payer en numéraire. D'un autre côté, il est avéré, par le tableau de sa situation à des époques très-éloignées, qu'elle ne sert le commerce qu'avec répugnance, et lorsque le gouvernement ne doit point avoir recours à elle. Or, le gouvernement ne cesse d'éprouver les plus pressans besoins ; depuis la paix même, il a émis des billets de l'échiquier pour une somme trois fois supérieure à celle qui fut créée après la paix de 1784. C'est donc caver au plus haut, que de supposer que la banque, dans ces derniers temps, a fait au commerce des avances pareilles à celles dont elle justifia en 1797. Ainsi elle est bien traitée, si on accorde qu'elle a maintenant en sa possession, en lingots, espèces ou billets de commerce, une somme de sept millions et demi[1].

Il reste à pourvoir encore à 22 millions et demi ; et, pour cette somme, la banque ne peut avoir et représenter que des créances sur le gouvernement. Les débats de la chambre haute viennent de nous apprendre qu'il existait pour 15 millions de billets de l'échiquier. Quelle que soit la quotité de ceux qui sont entre les mains de la banque, ils forment sans doute le gage le plus rassurant de ses créanciers. Mais il faut répéter ici ce qui a déjà été dit, que l'extrême faveur des billets de l'échiquier tenait à ce qu'ils ont été jusqu'à ce jour circulés par la banque, et échangeables contre ses billets, regardés comme au pair des espèces. Que la banque vienne à se dissoudre, les billets de l'échiquier se mettent au niveau des autres effets publics, et éprouvent, ainsi qu'eux, des alternatives de baisse et de hausse. Dans le moment actuel tous les fonds publics sont tombés, et sont menacés d'une chûte encore plus

---

[1] [This estimate proved quite incorrect. *Parl. Papers*, 1831–2, vi. 506 :

Feb. 1803. Securities.		
Public..................	9,417,887	
Private	14,497,013	
Bullion	3,776,750	
Total	£27,691,650	A. C.]

grande. Il est donc évident que, si la banque en venait à une
liquidation générale, elle pourrait avoir à offrir à ses créanciers
une valeur nominalement égale à ce qu'elle leur doit ; mais
qu'il y aurait un déficit réel. Je ne veux rien exagérer.
Aujourd'hui, comme en 1797, les porteurs des billets seraient
peut-être entièrement remboursés ; il leur faudrait seulement
attendre les échéances plus ou moins longues des obligations
du gouvernement. Pour les actionnaires, ils éprouveraient
une perte certaine. Il est difficile d'évaluer cette perte avec
précision ; elle dépend de la nature des titres de créance que
possède la banque. Les uns, à raison de l'objet sur lequel ils
sont hypothéqués, ou de l'époque de leur remboursement, se
soutiennent mieux que les autres. En 1797, la perte des
actionnaires était de 15 pour 100. Il est vrai que les 3 pour
100 consolidés, dans lesquels la banque a 11 millions et demi,
étaient tombés à 50, et qu'aujourd'hui ils sont à 62. Mais,
d'un autre côté, les avances au gouvernement ne montaient
qu'à 8 millions, tandis que tout indique que, maintenant, elles
sont portées au double ou au triple de cette somme. Les effets
donnés en nantissement pour ces avances doivent beaucoup
perdre dans le cas de la dissolution de la banque, puisque, comme
on l'a vu, c'est elle qui leur donne une partie du crédit qu'ils ont.

Cette dissolution de la banque est inévitable ; elle a deux
causes qu'on doit avoir déjà saisies. Les porteurs de lettres de
change et autres effets de la trésorerie ne se soucieront plus de
les faire acquitter par la banque, lorsqu'il sera avéré qu'elle ne
doit payer qu'en billets non remboursables : et, en effet, le
gage des billets de la banque n'étant que des sûretés du gouvernement, autant vaut pour les porteurs garder celles qu'ils
ont déjà. La seconde cause n'est pas moins simple. Jusqu'à
ce jour l'actionnaire a été ébloui par le taux du dividende ;
mais ce qui a servi à l'élever est aussi ce qui a amené la
détresse de la banque : je veux dire la grandeur si incon-
sidérée des prêts faits au gouvernement. L'illusion doit

cesser. L'actionnaire s'appercevra que le gage de son capital est variable et insuffisant ; il voudra retirer ses fonds. L'action alors tombera à vil prix ; et la faillite de la banque, qui existe depuis long-temps, sera enfin déclarée.

Depuis 1797, *la valeur des billets de la banque a beaucoup perdu ; et ils ont entraîné dans leur chûte les monnaies d'or et d'argent.*

Les observateurs superficiels auront de la peine à croire à ce fait, qu'ils traiteront de phénomène en économie politique : il est néanmoins certain, et déjà il a été observé en Amérique et en France. Tout, chez ces deux peuples, augmenta de prix bientôt après l'émission de leur papier-monnaie ; et, comme, pendant un intervalle de temps assez long, on ne fit aucune différence entre l'argent et le papier, le public se trompa. L'idée de cherté prit la place de celle de dépréciation ; on crut que les marchandises avaient augmenté, tandis que c'était le signe qui avait perdu de sa valeur.

En Angleterre, l'once d'or vaut réellement 3 liv. 17s. $10\frac{1}{2}$d.[1] Les frais de fabrication sont à la charge de l'état ; et l'once d'or en lingots et celle d'or monnayé, poids pour poids, titre pour titre, devraient avoir un seul prix. Il existe même un motif pour que l'or monnayé se tienne un peu plus haut. Celui qui veut faire fabriquer des guinées est obligé de porter son or à la monnaie, et d'attendre quelque temps avant qu'on le lui rende en espèces. Ainsi, naturellement, le prix de la guinée doit contenir, outre la valeur de l'or, une légère indemnité pour cette peine et cette attente. Mais, tout au contraire, depuis la crise de la banque, l'or en lingots s'est vendu plus cher que l'or monnayé. Son prix, qui n'a éprouvé que quelques légères variations, a été presque constamment

---

[1] On fait à la monnaie, avec une livre d'or, vingt-quatre guinées et demie ; ce qui, à vingt-un schellings la guinée, est égal à quarante-six livres quatorze schellings et six deniers : d'où il suit qu'une once de cette monnaie vaut trois livres dix-sept schellings dix deniers et demi.

à 4 liv. st. 6 sch. l'once, c'est-à-dire à 10 et demi environ pour
100 au-dessus de la valeur intrinsèque. On ne voit pas que,
dans le moment, il se vende à Londres de l'or en lingots : mais
il se fait fréquemment des ventes d'argent ; et l'once de celui
en barres est à 5 schellings 7d., tandis que son prix ne devrait
être que de 5 schel. 2d.[1]

La monnaie d'or, en Angleterre, ne se prend qu'au poids ;
il en est de même de celle de l'argent au-dessus de 25 liv. sterl.
On ne peut donc attribuer l'infériorité du prix de la guinée ou
de la monnaie d'argent au frai et à une diminution dans leur
pesanteur ; et il faut chercher une autre cause à la défaveur
qu'éprouve la monnaie ; cette cause, la voici : Par une suite
de l'esprit public qui règne en Angleterre, on cherche à ne pas
s'avouer la différence existante entre la guinée et le billet de
banque. Tous deux sont également reçus en paiemens : mais
le billet, qui a perdu de sa valeur depuis son cours forcé et ses
nombreuses émissions par la banque, a fait descendre à son
niveau la guinée ; et ce n'est que de cette manière qu'il se
maintient au pair avec elle. Celui qui met en vente un lingot
regarde comme très-probable qu'il sera payé en billets de la
banque : d'un autre côté, celui qui achète songe qu'il paiera de
cette manière sans pouvoir être refusé ; de sorte que l'un met
à son lingot un prix plus élevé, et l'autre consent à le donner.

Cette dépréciation du signe étant constante, qu'en doit-il
arriver ? Les propriétaires de terres, ceux des fonds placés
sur l'état, toutes les classes salariées, sont payés ou remboursés
en une valeur moindre que celle dans laquelle ils ont contracté.
C'est pour eux la même chose que si les denrées et les autres
marchandises avaient augmenté de prix ; et il était juste de
placer la dépréciation du signe à côté de ce renchérissement.

---

[1] A la monnaie d'Angleterre, avec une livre d'argent au titre en
lingots, on frappe soixante-deux schellings, contenant de même une
livre d'argent au titre. Ainsi le prix de l'argent, à la monnaie, est de
cinq schellings deux deniers l'once.

Mais peut-être, pour bien apprécier le systême financier de l'Angleterre, il eût suffi de considérer les charges de la nation, et de les comparer à ses moyens, à ses ressources. Je vais le faire, et M. Pitt sera encore consulté. Je me servirai des données offertes par lui-même aux communes, en 1798, lors de l'établissement de l'*income-tax*. On se rappelle sans doute qu'elles devaient être exagérées, puisque, comme je l'ai déjà remarqué, la taxe a rendu tantôt un tiers, tantôt près de moitié moins que la somme que le ministre avait annoncée. Je ne contesterai point cependant les calculs de M. Pitt ; les partisans du systême anglais peuvent attribuer le déficit aux difficultés de la perception. Seulement on doit ne point perdre de vue que le produit de la rente des terres en Angleterre, d'après les calculs de M. Beecles[1], ne peut être porté qu'à 20 millions sterl. au lieu de 25.

[1] L'ouvrage de M. Beecles est peu connu en France. Peut-être le lecteur ne sera-t-il pas fâché de trouver ici quelques-uns des résultats qu'il présente.

M. Beecles donne à la Grande-Bretagne trente-trois millions d'acres en culture, divisés entre deux cent mille propriétaires, et rapportant l'un dans l'autre 14 schellings. Mais l'impôt et les frais d'entretien réduisent le revenu net à 20,000,000 liv. sterl.

Les profits des fermiers montent aux trois quarts de la rente des propriétaires ; ce qui fait 15,000,000 liv. sterl. De ces fermiers, il n'en est pas dix mille qui aient 200 l. st. de revenus ; et pas vingt-un mille, deux par paroisse, qui aient une ferme de 200 liv. sterl. de loyer.

Le produit net des dîmes est seulement de 2,500,000 l. st. La modicité de ce produit a diverses causes. Les terres des maisons religieuses supprimées par Henri VIII ne paient point de dîmes ; d'autres terres, par des arrangemens, soit anciens, soit modernes, ne paient que des sommes modérées ; et les terres encloses en vertu des nouveaux bills d'*enclosure* ne sont assujetties qu'à payer le cinquième de la fixation ordinaire pour les terres arables, soit en argent, soit en nature, et le neuvième pour les prairies.

Le produit des bois, canaux, barrières, mines, pêcheries intérieures, est de 4,500,000 liv. st.

Le revenu des maisons dans lesquelles les fermes ne sont point comprises, et montant au quinzième environ du revenu du locataire,

Revenu présumé de la Nation Britannique, selon M. Pitt[1].

	liv. sterl.
Rente des terres donnée par 40,000,000 d'acres cultivés, à raison de 12 schellings 6 deniers l'acre	25,000,000
Profit des fermiers	19,000,000
Dîmes	5,000,000
Mines, canaux, bois	3,000,000
Maisons	6,000,000
Professions sujettes à la taxe, comme celles de médecin, gens de lois, etc.	2,000,000
	60,000,000

est de 12,000,000 liv. st.; mais réduit, par la taxe et l'entretien, à 10,000,000 l. st.

Le revenu des professions, telles que le barreau, la médecine, va à 2,000,000 liv. st. Plusieurs gens de loi ne tirent pas 200 liv. st. de leur profession, et peu de médecins des comtés les ont.

M. Beecles donne à l'Écosse plus de la moitié de l'étendue de l'Angleterre; mais ses terres cultivées ne vont qu'au tiers de celles de ce royaume, et le revenu territorial au quart de celui de l'Angleterre. Les autres revenus sont encore dans une beaucoup moindre proportion; de sorte que le produit de l'Écosse n'est évalué qu'au sixième de celui de l'Angleterre.

Les revenus au-delà des mers sont portés seulement à 4,000,000 l. st. M. Beecles pense qu'il revient de l'Inde beaucoup de capitaux, et qu'une grande partie des revenus des colonies à sucre y reste pour être employés en amélioration.

Les profits du commerce extérieur se trouvent réduits à 12 pour 100, outre 3 à 4 pour le commerce de commission, le courtage et les assurances; ce qui fait environ 15 pour 100, dont le montant est ainsi divisé :

	liv. sterl.
Bénéfices sur l'exportation des denrées britanniques	4,000,000
Idem, sur l'exportation des denrées étrangères	800,000
Idem, sur les importations	3,000,000
Omissions	200,000
Total	8,000,000

Les profits de la navigation, beaucoup accrus depuis quelques années, vont à un peu moins de 1 l. st. 10 sh. par tonneau de bâtimens enregistrés; en tout, y compris les bénéfices des constructeurs, etc. 2,000,000 l. st.

---

[1] [*Parl. Hist.* xxxiv., pp. 11 sqq.   A. C.]

	liv. sterl.
Ci-contre	60,000,000
Revenus de l'Écosse	5,000,000
Revenus des possessions au-delà des mers .	5,000,000
Intérêts dans les fonds publics, déduction faite de la part des étrangers et des sommes consacrées au rachat de la dette publique .	15,000,000
Profits du commerce étranger, à raison de 15 pour 100, sur un capital de 80,000,000 . .	12,000,000
Profits du commerce intérieur, à raison aussi de 15 pour 100, sur un capital de 120,000,000	18,000,000
Diverses autres branches de commerce ou d'industrie, comme distilleries, brasseries, etc. .	10,000,000
Total	125,000,000

J'observerai que ces 125 millions ne parurent point à M. Pitt devoir être imposés tous ; il exempta de la taxe les revenus au-dessous de 60 liv. sterling, et ceux au-dessous de 200 ne furent assujettis qu'au cinquantième, au lieu du dixième : ce qui réduisit le revenu imposable à 102,000,000 liv. sterl.

Mais cette somme de 102 millions dépasse de beaucoup le revenu annuel de la nation ; et il faut en déduire plusieurs objets. M. Pitt voulait moins faire connaître le revenu général que celui des particuliers, qui allait être taxé. Or, plusieurs parties du premier passent successivement en différentes mains ; et ce serait faire des doubles emplois, que de les reporter dans l'inventaire du revenu général.

Les profits du commerce intérieur sont évalués à 18,000,000 l. sterl.

Enfin, d'après divers calculs très-compliqués, le gain de l'ouvrier est porté, y compris la taxe des pauvres, à environ 45 liv. st. par an. La totalité du travail va, pour l'Angleterre, à 99,000,000 l. st., et celui de l'Écosse au neuvième ; en tout 110,000,000 liv. st.

On peut voir, dans le *Tableau de la Grande-Bretagne*, par M. Baert, une analyse très-bien faite de l'écrit de M. Beecles[1].

[1] [H. Beeke, *Observations on the produce of the Income Tax*, pp. 21 sqq. M. Baert, Vol. III., *Supplement*, pp. 38 sqq. A. C.]

Sans aucun doute, par exemple, les rentes sur l'état devaient être imposées ; mais, loin de faire partie du revenu général, elles sont une charge pour la nation. Les taxes qui les paient prennent une portion de ce revenu dans la main de ses premiers possesseurs. Déjà donc il faut retran-   liv. sterl.
cher du tableau de M. Pitt   15,000,000

Les maisons rendent bien un loyer à leurs propriétaires ; mais elles ne produisent pas par elles-mêmes un revenu semblable à celui des terres cultivées, qui devient chaque année une source de nouvelles richesses pour la nation. Le prix du loyer des maisons est acquitté par une portion du revenu qu'ont ceux qui les louent. C'est encore à déduire   6,000,000

Les profits du commerce intérieur sont payés par les individus, qui se partagent le revenu général. Ils peuvent enrichir le négociant ; ils ne forment point néanmoins une nouvelle valeur pour la nation. Ainsi voilà encore une nouvelle soustraction de   18,000,000

A l'égard du commerce étranger, il y a à faire une importante distinction. Une partie des objets importés représente sans doute ceux exportés ; mais l'industrie anglaise a acquis un développement étonnant, qui procure à la nation d'immenses bénéfices dans ses échanges avec les autres. On sait que le travail est la mesure véritable de toutes les valeurs. En représentant le travail d'une manière abstraite, peut-être ce qui coûte 1 aux Anglais coûte 3 à la plupart de ceux avec qui ils trafiquent. D'après cette appréciation, les profits du commerce étranger étant de 12 millions, 8 peuvent être regardés comme un pur bénéfice, une nouvelle richesse qui n'existerait

pas en Angleterre sans ce commerce. Il reste   liv. sterl.
quatre millions qui sont pris sur le revenu des
diverses classes de la nation, et doivent être par
conséquent rayés, ci   4,000,000

C'est donc, en somme, quarante-trois millions à défalquer
nécessairement ; et le revenu général de la nation britannique,
en se conformant aux données de M. Pitt, ne peut être évalué
qu'à soixante-dix-sept millions sterling.

Il y a une observation à faire. M. Pitt n'a point parlé
des salaires du travail, qui font vivre des classes si nombreuses :
cela n'entrait point dans son plan ; il cherchait les revenus
présentant une quotité beaucoup plus forte que les salaires
annuels des ouvriers les mieux payés. D'ailleurs, une partie
des salaires, ceux des hommes employés aux travaux de
l'agriculture, sont bien pris sur le produit ou le revenu des
terres, avant qu'il soit partagé entre les fermiers et les propriétaires ; mais tout le reste du travail est payé par ceux-ci
sur la part qui leur reste, ou par d'autres qui ont reçu d'eux,
à un titre quelconque, une portion de leur revenu. Ce serait
donc encore faire un double emploi que de considérer le
montant de cette seconde portion des salaires comme en
formant une du revenu général de la société.

Maintenant c'est le cas d'opposer à ce revenu de 77 millions
le résumé des charges annuelles de la nation britannique.

D'abord l'état de guerre est à distinguer de l'établissement
de paix.

En 1801, les dépenses à la charge de la Grande-Bretagne
seule, pour la guerre, la marine, la liste civile, etc. sans y
comprendre la contribution de l'Irlande, mon-   liv. sterl.
tèrent à   46,200,000
Et le service de la dette à   22,200,000

                     Total   68,400,000

A ce fardeau, déjà si accablant, on doit ajouter encore la taxe des pauvres, celles des barrières, ainsi que les diverses impositions mises pour solder les dépenses particulières des villes ; en tout au moins sept à huit millions sterling.

Comment maintenant, sur un revenu d'à peu près 77 millions, en prendre 75 uniquement pour les charges publiques ! Que deviennent les premiers propriétaires de ce revenu ? Leur presque totalité devrait mourir de faim. Mais la chose va s'expliquer.

Outre son revenu général, une nation possède deux autres sources de jouissances, qui tirent leur origine des épargnes faites sur ce revenu. La première est ce qu'on appelle le fonds de consommation ; l'autre se compose des divers capitaux destinés à entretenir la reproduction ou l'industrie. Les dépenses publiques sont-elles considérables, le revenu de la nation peut ne pas suffire pour les solder : alors une partie d'entre elles, et souvent la plus grande, est supportée par les capitaux, et le fonds de consommation.

D'ailleurs, M. Pitt a omis dans son compte, ainsi qu'on l'a vu, la portion du revenu qui passe immédiatement au salaire. Cette portion, il est vrai, ne concourt point au paiement des dépenses, à proportion de son étendue ; elle est trop divisée. L'ouvrier, vu la modicité de son salaire et des impôts qu'il paie déjà en temps de paix, ne peut guère être soumis à de nouveaux sacrifices pendant la guerre ; mais la fiscalité sait encore trouver le moyen de s'emparer de quelque partie de ses faibles gains.

Ce qu'il importe de remarquer, c'est qu'il est de toute impossibilité que le revenu en Angleterre satisfasse aux dépenses de la guerre ; il faut recourir aux emprunts. On fait honneur aux ministres du choix de cette mesure, et elle est forcée.

Pour donner une idée vraie de l'établissement de paix, je ne m'arrêterai pas à considérer les subsides demandés par le chancelier de l'échiquier dans son budget de 1803. Avant les votes même qui ont suivi le dernier message du roi, ce qui existait en Angleterre n'était ni l'établissement de guerre, ni celui de paix ; c'était un état moyen entre eux[1]. Mais, l'an passé, M. Addington évalua l'établissement de paix à près de 31 millions sterling[2]; et, dans cet apperçu, il jugea à propos, comme il en convint lui-même, de ne point faire entrer plusieurs dépenses effectives ou probables, telles que celles qui devaient résulter des intérêts à acquitter du montant du reste des dépenses de la guerre ; les intérêts de l'emprunt impérial, et une augmentation, presque déjà arrêtée, dans l'établissement de guerre et celui de la marine.

Le véritable établissement de paix peut être ainsi présenté :

	liv. sterl.
Service de la dette publique	24,000,000
Intérêts de l'emprunt nécessaire pour solder près de 20 millions du reste des dépenses de la guerre ; intérêts et fonds d'amortissement de cet emprunt	1,100,000
Liste civile, gouvernement civil d'Écosse, marine, guerre, artillerie ; frais de gestion des revenus, avec l'augmentation de la paie des matelots et des soldats ; celle du prix des divers articles nécessaires à la marine ; celle des dépenses de l'artillerie et des demi-paies des invalides de Chelsea	10,800,000
TOTAL	35,900,000

Les moyens pour faire face à cette dépense suivent, et sont :

Les taxes permanentes ou fonds consolidés, portés par M. Addington, pour l'an dernier, à .	liv. sterl. 26,148,000

---

[1] Les dépenses de 1803 montent à 48 millions st. environ.
[2] [*Parl. Hist.* xxxvi. 910. £30,726,772. A. C.]

		liv. sterl.
La nouvelle taxe sur la drèche et la bière	.	3,680,000
La nouvelle taxe sur les maisons . . .		1,000,000
Les taxes sur la terre et la drèche, déduction faite du *land-tax* racheté		2,060,000
La loterie		500,000
	TOTAL	33,388,000
	DÉFICIT	2,512,000

Ces tableaux font naître plusieurs observations.

En 1791, l'établissement de paix, y compris le service de la dette, fut, d'après une évaluation de cinq années, fixé, par un comité de la chambre des communes, à 16,816,985 l. st.; d'où il résulte que la nation britannique doit, à la dernière guerre et aux mesures financières de ses ministres, une charge annuelle de plus de 19 millions sterl. Le revenu général vraiment imposable montant à 77 millions, et la dépense ordinaire à près de 36, il faut que le gouvernement arrache à chaque habitant de la Grande-Bretagne, par des taxes ou autres moyens fiscaux, à peu près la moitié de son revenu, pour acquitter les charges de l'état. Enfin, comme les taxes, portées à un point presque intolérable, ne peuvent couvrir toutes les dépenses, le déficit doit être rempli par des emprunts. Ainsi, même en pleine paix, la nation est forcée d'employer un moyen destructeur de la fortune publique.

Je demande à faire encore un autre rapprochement. On vient de voir qu'aujourd'hui les dépenses de la guerre en Angleterre équivalent à la presque totalité du revenu général de la nation, et celles de la paix à peu près à sa moitié. Sous le règne de Guillaume III, les premières, selon Gregory King, ne montaient qu'au dixième, et les secondes au treizième de ce revenu. Personne alors ne songeait à louer les ministres de leur manière d'administrer les finances; et aujourd'hui on admire ceux de leurs successeurs qui ont amené l'état actuel des choses ! A quoi donc tiennent les réputations ?

Mais, pendant que les hommes crédules s'extasient, le cabinet de Saint-James est effrayé de la position financière de l'Angleterre. M. Pitt lui-même a cherché des remèdes à un mal dont il sentait toute l'étendue ; il a essayé de trois, qui sont l'établissement du *sinking-fund*, le rachat de la taxe sur les terres, et l'augmentation ou la création d'impôts personnels[1]. On va montrer l'insuffisance et le danger de ces moyens.

Du Sinking-Fund[2].

Tout le monde connaît les diverses parties dont le *sinking-fund* est composé. On sait aussi qu'il fut créé en 1786 ; mais, ce qu'on sait peu, c'est que le plan de cette institution, tant louée depuis quelque temps, n'est point de M. Pitt ; il appartient tout entier au docteur Price. Le dernier chancelier de l'échiquier, il est vrai, n'a jamais avoué publiquement ce qu'il devait au docteur ; mais les écrivains de l'opposition se sont fait un malin plaisir de rendre publics les fragmens des lettres particulières où il le consulte et le remercie.

On attend du *sinking-fund* l'extinction de la dette. Or, en 1786, à l'époque de sa création, le capital de la dette était de 238 millions sterling ; aujourd'hui il est de 562. Le *sinking-fund* n'est-il pas jugé ?

Ses admirateurs, je le sais, ne se tiendront pas pour battus ; ils auront grand soin de dire qu'on doit une nouvelle dette à la guerre. Mais sur l'ancienne, de 1786 à 1802, dans l'espace de seize ans, cinquante-sept millions seulement ont été

---

[1] En Angleterre, les impôts sont distingués en taxes réelles ou personnelles. Les premières sont établies sur les terres, les maisons, ou les objets de consommation ; les autres sont assises directement sur les personnes, en raison de la présomption de leur fortune, de leur dépense, ou du produit de leur industrie.

[2] [*Parl. Papers*, 1801–2, IV. 207. A. C.]

amortis; encore l'effet du *sinking-fund* a-t-il été secondé par le grand discrédit des fonds publics, qui commença en 1794, et les fit même tomber momentanément à 47.

Lorsque le *sinking-fund* fut établi, on annonça qu'il rachèterait toute la dette en cinquante ans; depuis les amendemens et corrections qu'il a reçus de M. Addington, il doit opérer la même chose en quarante-trois[1]. Il est à remarquer que M. Addington l'a privé des annuités à terme, qui s'éteindront désormais, ainsi que des épargnes que produiront les extinctions de rentes. Mais peut-être que le *sinking-fund* est de la nature du polype, qui vit toujours après que plusieurs de ses parties ont été coupées. En admettant toutefois, comme l'Homme aux quarante écus, que la durée moyenne de la vie soit de vingt-trois ans, deux générations doivent passer avant qu'on jouisse pleinement de l'avantage promis avec tant de faste; et, pour cela encore, le concours de plusieurs circonstances est-il nécessaire. Il faut, par exemple, qu'un ministre, par jalousie, esprit d'innovation, ou tout autre motif, ne songe point à déranger l'ordre établi avant lui; il faut que, pendant près de cinquante ans, la chambre des communes veuille ou puisse toujours surveiller l'emploi du *sinking-fund*; il faut que, pendant le même intervalle de temps, la nation anglaise n'ait point la guerre, il faut qu'elle n'éprouve aucune calamité qui exige un remède soudain, etc. etc. De bonne foi, n'est-il pas permis de dire que, quand M. Pitt proposa le *sinking-fund*, il voulait sur-tout éprouver la crédulité de ses concitoyens?

On est tout naturellement mené à une conjecture; peut-être le *sinking-fund* a-t-il un but secret entièrement opposé à celui qu'on avoue. Il est évident qu'il ne peut rembourser la dette, qui s'accroît dans une proportion plus forte que le

---

[1] On varie beaucoup sur l'époque à laquelle la dette doit être amortie. M. Pitt l'a fixée à cinquante ans, M. Addington à quarante-trois, et tout récemment un grand admirateur des finances anglaises à trente-cinq.

rachat ; mais il suffit pour aider à soutenir le crédit des fonds. Le *sinking-fund*, bien dirigé, et parvenu à un certain taux, sert à prévenir une chûte extraordinaire dans les effets publics. Ainsi, loin qu'il ait été imaginé pour amortir l'ancienne dette, on doit croire qu'il l'a été pour faciliter les moyens d'en créer une nouvelle. Beaucoup de bons esprits en Angleterre commencent à adopter cette idée.

Mais, quelles qu'aient été les vues de M. Pitt, il faut toujours regarder son *sinking-fund* comme une institution dangereuse. Si, en le créant, il a véritablement voulu amortir la dette, l'intérêt de ceux qui l'administrent est entièrement opposé à celui de la nation. Que doit vouloir effectivement la nation ? que les rentes se vendent à un prix très-haut, afin qu'on ne retire qu'un faible intérêt de l'argent placé dans les fonds publics, parce que cet intérêt est le grand régulateur de celui qu'on peut obtenir dans les autres emplois. Que doivent desirer, au contraire, les administrateurs du *sinking-fund* ? que les fonds se vendent à bas prix, puisque c'est le moyen qu'ils en achètent beaucoup. Celui qui a eu la première idée du *sinking-fund*, le docteur Price, pensait ainsi, et n'a pas cru devoir le cacher. On voit dans son ouvrage, par exemple, qu'il préfère un emprunt de 100 millions, à 8 pour 100, et portant un intérêt annuel de 8 millions, à un emprunt, de pareille somme, portant un intérêt de 4 pour 100. Le motif qu'il donne, c'est qu'un fonds annuel de 100,000 liv. st. remboursera le premier emprunt en cinquante-six ans, c'est-à-dire en trente-huit années de moins qu'il ne lui en faut pour rembourser le second. Ceci rappelle ce charlatan du boulevard qu'on voyait se féliciter de trouver un homme moulu de coups, qui lui fournissait l'occasion de montrer l'efficacité de son baume[1].

[1] De longs tableaux, remplis de chiffres, ont été présentés par le docteur Price et ses adhérens, pour faire connaître tous les effets de l'accumulation des intérêts composés ; et l'on ne saurait imaginer com-

Le *sinking-fund* doit être envisagé sous un autre point de vue. Je vais étonner peut-être quelques personnes ; mais je ne dirai que la vérité. Il existe en Angleterre un projet de banqueroute qui a beaucoup de partisans ; déjà l'on a été jusqu'à calculer le nombre des créanciers de l'état, pour juger apparemment si leur désespoir serait dangereux. Mais la déclaration de la banqueroute est propre à couvrir d'une honte éternelle celui qui la proposera ; et d'ailleurs, sous un gouvernement vieilli, après tous les coups qu'a reçus la constitution, il est impossible qu'elle ne produise pas une épouvantable crise. Tout porte donc à croire que la plupart de ceux qui veulent la banqueroute, ou la regardent comme une triste nécessité, ne songent à la faire que graduellement, et par des moyens indirects : de ces moyens, le plus sûr est le *sinking-fund.*

Chaque année, par une suite des causes que j'ai rapportées, le prix de tous les objets renchérit sensiblement. Cette augmentation est à peu près indifférente au gouvernement, qui a soin de proportionner ses demandes à ses besoins actuels, et en est quitte pour les exprimer avec un plus grand nombre de

---

bien les calculs imposent à ceux qui ne peuvent pas les faire. A mon tour, je demande à en offrir un à ceux qui les aiment. Les intérêts dont se compose le *sinking-fund* sont acquittés par des taxes ; et, si les fonds destinés à payer ces taxes restaient entre les mains des imposés, ils auraient un emploi utile et productif. Aujourd'hui, que le *sinking-fund* est d'à peu près six millions sterling, M. Addington demande quarante-trois ans pour amortir le capital de la dette, qui monte à 562 millions. Mais que ces six millions ne soient pas levés sur la nation, ils serviront à des spéculations de commerce ou d'industrie, et produiront un bénéfice qui doit être de 15 pour 100, selon M. Pitt ; que maintenant ces bénéfices soient employés tous les ans, de la même manière, avec le capital, au bout de quarante-trois ans, ils auront produit douze milliards deux cent quatre-vingt-quinze millions sterling. Qu'on décide, d'après cela, quel est l'emploi le plus utile pour la nation ; et s'il vaut mieux placer les six millions dans le *sinking-fund* que de les laisser aux particuliers, en diminuant d'autant les taxes qu'ils paient.

chiffres; mais le créancier de l'état est toujours payé de ses arrérages, ou remboursé de son capital, sur le pied qu'ils ont été stipulés. Ainsi il reçoit une valeur nominalement égale à celle qu'il a prêtée, mais avec laquelle il ne peut se procurer qu'une bien moindre quantité du produit du travail des autres. Aujourd'hui, en Angleterre, 100 liv. sterl. valent à peine ce que valaient 60 liv. sterl. en 1793; et la valeur nominale des choses doit toujours aller en augmentant. Le gouvernement paie avec un signe qui a beaucoup perdu, et perd chaque jour. Il joue le rôle de ceux des débiteurs français qui se sont libérés avec des assignats; il fait ainsi banqueroute à petit bruit, tout en se targuant de son exactitude à remplir ses engagemens.

Cette situation est-elle faite pour durer? et le créancier de l'état consentira-t-il long-temps à être rançonné? On peut affirmer que non. Il est une époque pour l'Angleterre, prédite depuis long-temps par Hume, à laquelle elle semble arrivée; c'est celle où la masse de la dette étant à son dernier période, le gouvernement doit écouter tous les empiriques, adopter toutes leurs visions, sans que rien puisse sauver le crédit, destiné à périr alors, comme un malade, par l'effet même du remède que lui donne le médecin[1].

Du Rachat de la Taxe sur les terres.

Par une bizarrerie de l'esprit humain, ce qui se passe sous nos yeux nous frappe peu. La proposition du rachat de la taxe sur les terres en est une preuve. A peine l'a-t-on remarquée; elle eût révolté, si on l'eût trouvée dans l'histoire ou les récits de quelques voyageurs arrivant d'une contrée lointaine.

[1] Toute espèce de fonds d'amortissement ne doit cependant pas être bannie de l'administration des finances d'une nation, et il en est qui peuvent être utiles. Je n'attaque que celui de l'Angleterre, pour lequel on a beaucoup d'engouement, et dont l'imitation serait nuisible à l'état qui voudrait la tenter.

Jusqu'à présent on avait bien considéré l'impôt comme devant porter sur une portion du revenu. C'est un sacrifice que le propriétaire est tenu de faire pour obtenir la garantie et la défense de sa propriété : mais ce sacrifice peut être momentané ; il varie du moins selon les besoins de l'état. On n'avait pas encore imaginé qu'une taxe devait être irrévocablement fixe et perpétuelle, et qu'elle formait une part de la propriété elle-même ; c'est cependant ce qu'a décidé l'acte qui a prescrit le rachat de la taxe sur les terres. Il se trouve ainsi établi aujourd'hui, en Angleterre, que la taxe est une rente, un domaine réel, appartenant à la couronne ; son capital a été arbitré à vingt fois la taxe annuelle, qui devrait être du cinquième, et n'est que du douzième du revenu. La couronne, de cette manière, est déclarée propriétaire du douzième de tous les fonds de terre qui existent en Angleterre[1]. Dans quelques contrées de l'Orient, le sultan est propriétaire de la totalité des terres de son empire ; il en est encore mieux traité, voilà toute la différence.

D'après l'acte passé au mois d'avril 1798, tout propriétaire foncier est tenu de racheter, dans un terme de cinq années, le capital, au denier 20, de la taxe imposée sur son domaine ; et, s'il ne fait pas ses offres dans le délai fixé, des commissaires nommés à cet effet, sont autorisés à mettre en vente le capital. L'acte contient encore quelques autres dispositions, comme d'interdire au propriétaire la faculté de rembourser celui qui aura acquis le montant de la taxe annuelle avant l'époque où le premier fonds d'amortissement de 1786 sera parvenu à son *maximum.*

[1] Le parlement, dans l'origine, fixa la taxe sur les terres à 4 schellings par livre, ou au dixième de leur revenu ; mais ce revenu, au moyen des déclarations faites pour l'assiette de la taxe, ne fut porté qu'à 10 millions sterling, évaluation déjà trop faible. Aujourd'hui, réuni à celui de l'Écosse, il va à 25 millions sterling ; et, la taxe étant demeurée à 2 millions, comme lorsqu'elle fut établie, il s'ensuit qu'elle ne va pas au douzième du revenu.

Le rachat ou l'acquisition de la taxe doit être fait exclusivement en 3 pour 100 consolidés, évalués par l'acte à 50 pour 100. Ainsi, pour le capital de 5 livres sterl. de taxe annuelle, il faut fournir un capital de 200 livres sterling, qui, dans ce moment où les fonds sont à 62, coûte sur la place 124 liv. sterl., et, avant les bruits de guerre, se fût payé 150 liv. sterl.

Cet acte, dont le principe est une violation ouverte de la propriété, devient encore, dans son application, la source d'une foule d'injustices. Il est reconnu qu'en Angleterre, la taxe sur les terres a une très-mauvaise répartition ; elle est fixée d'après des déclarations ordonnées aux comtés par le parlement, lors de son établissement dans les premières années du règne de Guillaume III. A cette époque, une partie du royaume favorisait la révolution, et l'autre était attachée aux Stuarts. La première ne trompa que peu ou point le fisc ; la seconde donna des déclarations fort au-dessous de la valeur des biens. Mais cette partie était celle du nord de l'Angleterre, dans le voisinage de l'Écosse, singulièrement affectionnée au roi détrôné. Une insurrection était à craindre ; le gouvernement crut devoir fermer les yeux, et s'interdire toute recherche. Dans les comtés du nord, la taxe n'est guère au-dessus d'un schelling ; dans plusieurs de l'ouest et du midi, elle va à deux, trois, et même plus. Cette inégalité cependant n'excite point de plaintes ; depuis l'établissement de la taxe, le revenu des terres a augmenté de près de moitié ; et elle est devenue ainsi peu sensible. Les comtés les plus imposés sont aussi les plus riches : par-tout la taxe est au-dessous de ce qu'elle devrait être aux termes de la loi ; et, d'ailleurs, ceux qui acquièrent des fonds de terre calculent d'avance ce que la taxe doit leur coûter, et, là où elle est haute, donnent un prix moins élevé. Mais, lorsqu'au lieu de la taxe, il faut solder vingt fois sa valeur, l'inégalité devient extrêmement pesante. Ceux dont les terres sont imposées à un schelling ne

paient qu'une somme égale à une année du revenu, tandis que
ceux dont la taxe monte à trois schellings en doivent une qui
équivaut à trois années du revenu.

Ce n'est pas tout. La culture, en Angleterre, doit une
partie de ses succès aux avances connues sous le nom
d'améliorations permanentes, et qui sont faites par les propriétaires. La modicité de la taxe les mettait à même de
s'y livrer : elles leur deviennent impossibles. Déjà la taxe
des pauvres, les charges paroissiales, les dîmes, d'anciens droits
seigneuriaux absorbent un quart du revenu net des terres.
Le prix moyen du rachat est à peu près égal à la valeur de
deux années de ce revenu. Ceux dont la taxe est de trois
schellings paient encore davantage ; et par-tout, pendant cinq
ans, terme fixé pour le rachat, si l'on excepte les grandes
propriétés, il est impossible que le revenu qui reste lorsque le
propriétaire a prélevé de quoi exister puisse fournir à aucune
impense ou amélioration.

Mais, heureusement pour l'Angleterre, ces maux ne sont
que de simples hypothèses, ou du moins n'ont de réalité qu'en
un petit nombre de lieux. L'évidente injustice de la loi et les
abus certains qu'elle devait entraîner ont empêché son exécution. On voit, par les comptes du chancelier de l'échiquier,
qu'il n'a été transporté aux commissaires au rachat de la
dette que 18 millions sterling, provenant du *land-tax* racheté.
Comme ce rachat a dû être fait sur-tout immédiatement après
la passation du bill, et qu'alors les 3 pour 100 consolidés
étaient à peu près à 50, il ne doit pas y avoir le quart des
propriétaires qui ait racheté la taxe. Le délai pour le faire
va expirer ; personne ne s'est présenté pour se mettre aux
droits de la couronne, et acquérir la taxe : la conscience
publique semble repousser de pareils marchés.

Qu'aura donc produit cette odieuse mesure ? En 1798, le
capital de la dette montait à 380 millions sterling ; et, d'après
le taux où se trouvaient les 3 pour 100, le rachat de la taxe

devait amortir pour 80 millions d'effets publics, c'est-à-dire, plus du cinquième de la dette. Aujourd'hui la dette est de 562 millions; et, si l'on se rappelle qu'elle a encore été de 57 millions de plus, qui ont été éteints par le moyen du *sinking-fund*, il se trouve que le rachat de la taxe sur les terres n'en a pas amorti réellement la trente-unième partie.

Des Taxes personnelles, ou sur le Revenu présumé.

C'est une chose vraiment digne de remarque que M. Pitt ait pris, dans le cours de son ministère, des principes entièrement opposés à ceux qui lui avaient fait d'abord de nombreux partisans. On vient de voir que, tandis qu'on applaudissait à la facilité avec laquelle ses emprunts se remplissaient, il a paru vouloir rembourser la dette. De grands éloges étaient donnés à sa méthode de pourvoir aux dépenses de l'état avec des impôts sur les consommations; et il a fait établir des taxes sur les personnes et les revenus présumés. Ne peut-on pas croire qu'il jugeait mieux que beaucoup d'autres son administration?

En 1797, un bill, demandé par lui, ordonna le triplement des taxes assises (*asseded taxes*) qui portent sur les maisons, les domestiques, les chevaux, les voitures, etc. Depuis, au triplement des taxes assises a succédé la taxe sur toutes les espèces de revenus, (*income-tax*), qui elle-même a été rapportée.

L'*income-tax* avait contre lui sa propre nature. Les préposés du fisc devaient, pour l'asseoir, s'assurer de l'état au vrai de la fortune des contribuables; et une pareille inquisition blessait au dernier point un peuple commerçant. On sait que trop souvent le crédit d'un négociant serait ébranlé par une connaissance bien exacte de sa situation. Mais les taxes assises portent sur des objets qui sont à la vue de tout le monde; et, pour les asseoir, il n'est nullement besoin de pénétrer dans le secret des affaires des contribuables. Cependant le cri public s'est élevé également contre ces deux impôts : à quoi faut-il l'attribuer ?

On doit se rappeler que la réunion des autres taxes fait passer presque la moitié du revenu général de l'Angleterre entre les mains du gouvernement. La portion libre de ce revenu suffit à peine pour procurer des moyens d'existence à ses propriétaires. D'ailleurs, une taxe sur les revenus présumés peut bien être divisée en plusieurs classes ; mais cette division n'est jamais exactement adaptée aux moyens des contribuables, essentiellement inégaux. M. Addington s'est pénétré de ce que devaient produire ces deux circonstances : dès les premiers momens de son administration, il a abandonné l'*income-tax* ; et, lorsqu'il a fallu le remplacer, il s'est borné à mettre un million sur les maisons et fenêtres, et a recouru, pour le surplus, à une nouvelle taxe sur la drèche et la bière. Un impôt sur une denrée qui se perçoit par petite portion et jour par jour, est celui que le contribuable supporte toujours avec le plus de facilité ; et, ainsi que je l'ai démontré, il se répand sur toutes les classes.

M. Pitt avait un double but en mettant l'*income-tax* ; il voulait prévenir le surhaussement du prix des denrées, qui devait résulter de nouvelles taxes indirectes ; il comptait encore procurer au fisc un revenu de 10 millions sterling. La force des choses a ramené à une taxe sur un objet d'une consommation générale ; et cet impôt et celui sur les maisons et fenêtres réunis ne doivent guère produire que 4 millions.

On doit donc regarder comme certain que l'Angleterre, en dépit de ce que disent ses panégyristes, est arrivée au point de ne pouvoir bientôt supporter de nouvelles taxes ; que déjà elle n'est plus libre dans leur choix, et est au contraire obligée de se soumettre à celles qui lui nuisent le plus. La révélation de cette vérité peut être utile à l'Europe et à l'Angleterre elle-même.

Mais les faits, dira-t-on, détruisent toute votre théorie. Que parlez-vous de gêne et d'accablement ? Il est au contraire certain que la nation britannique jouit d'une grande prospérité ; et son commerce a reçu, même pendant la guerre, un accroissement prodigieux.

J'avoue que la réponse doit être précise : que l'on juge. L'industrie d'une nation peut lutter long-temps, même avec avantage, contre les erreurs de son gouvernement. Tel a été le cas de l'Angleterre ; et il est impossible de nier que, depuis l'avant-dernière paix en 1784, jusqu'en 1793, elle n'ait vu augmenter progressivement sa richesse. Mais, à cette époque où les vices de son systême financier ont commencé d'acquérir leurs plus grands développemens, sa situation a entièrement changé de face : si elle a brillé encore, elle le devait aux capitaux qu'elle s'était antérieurement procurés. Ses ministres, en venant lui demander chaque année de nouveaux subsides, mettaient beaucoup d'art à l'entretenir de l'activité de son industrie et de l'étendue de son commerce : mais tout n'est que prestige et illusion dans leurs rapports ; et, heureusement pour l'espèce humaine, il n'est pas vrai que la guerre puisse enrichir une nation. Si maintenant on examine avec quelque attention les tableaux des ministres, il sera facile de reconnaître que, dans l'article *importations*, ils ont constamment fait entrer tous les produits de la Martinique, de Tabago, de Sainte-Lucie, de la Guiane hollandaise, de Curaçao, des Moluques, etc. que les Anglais ne possèdent plus aujourd'hui. Ces états étaient encore grossis des importations de l'Inde, qui, en 1801, ont monté à 228 millions de francs, et n'allaient, en 1793, qu'à 117 ; mais dont le débit arrête la création et entrave la vente des objets provenant de l'industrie nationale. Sous la rubrique *exportations* se trouve également la majeure partie de ces divers produits qui n'ont pu être consommés en Angleterre, et dont elle se rend la courtière envers les autres états. S'étant réservé, aux termes de son acte de navigation,

le transport de tous ces objets chez elle et chez les autres
peuples, elle a dû naturellement accroître le nombre des
bâtimens et des tonneaux de sa marine marchande. Ajoutez
encore deux causes de l'augmentation apparente de ses exportations, et vous arriverez à connaître véritablement ce qui
existe. Ces causes sont l'exagération donnée souvent à la
valeur des marchandises exportées, pour obtenir une prime
plus forte ; et le renchérissement certain dans le prix nominal
de la plupart des marchandises qui, depuis 1793, ont presque
toutes augmenté. de 40 pour 100. L'on sait aussi que des
circonstances particulières, telles que des primes, des encourage-
mens, des préjugés mercantiles, ont détourné en Angleterre de
nombreux capitaux d'emplois utiles et vivifians dans l'intérieur,
pour les faire servir au commerce étranger. Mais le commerce
étranger, toujours variable, dépendant de la guerre, de la
politique, de l'état de l'industrie des différens peuples, n'est
qu'un signe précaire et incertain de la prospérité de la nation
qui s'y livre. Il peut produire chez elle l'extrême richesse
à côté de l'extrême misère. Voilà pourquoi, en 1801, le
gouvernement britannique, dans le dessein de soutenir
plusieurs branches d'industrie, a fait vendre pour son compte,
à Hambourg, de grandes quantités de marchandises à 15 et
30 pour 100 de perte, et que l'année d'auparavant, dans
Londres seul, cent quarante-huit mille individus avaient été
réduits à vivre de soupes économiques ; voilà pourquoi, tandis
que, lors de l'*income-tax*, des individus ont été taxés pour leur
dixième à 240,000 francs, la taxe des pauvres, qui n'était en
1783 que de 48 millions de francs, monte aujourd'hui à 144,
et qu'en Angleterre, sur cinq individus, un est obligé de
recourir à la charité publique. Mais il existe une preuve
irréfragable que, depuis 1793, la nation britannique est
demeurée stationnaire. Chez elle, presque tous les objets
nécessaires à la vie sont soumis à des taxes ; chaque année,
pendant la guerre, les besoins du gouvernement en ont fait

créer de nouvelles : mais celles qui existaient en 1793 sont
restées les mêmes, sous le nom d'anciennes taxes permanentes.
Si la reproduction et la vente des denrées avaient augmenté,
le produit de ces taxes eût suivi une progression semblable.
Il avait reçu un grand accroissement de 1784 à 1793 ; mais il
a conservé le même taux de 1793 à 1802[1]. Cependant, dans
un espace de près de dix ans, la population a dû augmenter un
peu ; et, par cela seul, la consommation eût dû également
devenir plus forte, si d'autres causes ne s'y étaient opposées.
La comparaison des produits des taxes permanentes, à ces
deux différentes époques, est le talisman qui fait disparaître
les objets fantastiques créés par la politique des ministres.

Je ne puis me résoudre à terminer sans dire un mot de
l'influence du système financier des Anglais sur leur liberté et
la morale publique. En Angleterre, la loi veut que la liberté
du citoyen soit respectée, et sa propriété regardée comme
sacrée. L'amour de la patrie est la passion dominante ; et la
fierté de la nation est entretenue par les égards que l'autorité
est souvent obligée d'avoir pour elle. Mais ces grands et
salutaires effets de la constitution sont combattus par ceux qui
naissent du système financier. Les taxes étant excessives, il
a fallu armer l'agent du fisc d'une autorité arbitraire ; la
maison du citoyen est souvent violée, et l'Anglais est le seul

[1] *Produit des anciennes Taxes permanentes.*

		liv. sterl.
En 1784		10,194,260
En 1793		14,284,000
En 1794		13,941,000
En 1795		13,858,000
En 1796		13,557,000
En 1797		14,292,000
En 1798		13,332,000
En 1799		14,275,000
En 1800		15,743,109
En 1801		14,194,539
En 1802		14,497,226

peuple de l'Europe soumis à la contrainte par corps pour le recouvrement de l'impôt. Un agiotage sans pudeur détruit une partie des ressources de la nation, et démoralise ceux qui s'y livrent. Les bénéfices provenant de cette foule de transactions avec le gouvernement mettent d'immenses richesses entre les mains d'une classe entièrement séparée par son intérêt du reste de la nation. Les *monied men*, toujours à genoux devant le ministre qui les protége, secondent toutes ses usurpations : jaloux de couvrir la honte de leurs commencemens, ils entrent dans le sénat britannique, et achètent des bourgs sans francs tenanciers, dont ils traitent ensuite avec la trésorerie. C'est une triste vérité que la représentation nationale, jadis attribuée à la propriété foncière, passe chaque jour dans leurs mains. L'intérêt est devenu la divinité principale des Anglais. S'agit-il de désigner un homme à la considération publique, il n'est point question de ses talens, encore moins de ses vertus ; mais on dit qu'il a une grande fortune. En Angleterre, tout s'évalue et a son prix en argent : le mari accepte une indemnité pécuniaire pour les offenses qu'il reçoit de sa femme. On n'a point oublié qu'un ministre, l'idole de son pays, lord Chatham, avoua en plein parlement que l'intérêt était le véritable honneur de la nation britannique, tandis que l'honneur était le véritable intérêt de sa rivale. En un mot, l'Angleterre, régie à la fois par ses lois et son système financier, peut être comparée à l'Égypte fabuleuse, où le principe du bien et celui du mal se livraient de perpétuels combats. Heureux les Anglais, s'ils ne perdent point de vue qu'Osiris périt dans les embûches de Typhon, et qu'il s'écoula un long temps avant que les dieux lui permissent de revenir à la vie !

FIN.

For EU product safety concerns, contact us at Calle de José Abascal, 56–1°, 28003 Madrid, Spain or eugpsr@cambridge.org.

www.ingramcontent.com/pod-product-compliance
Ingram Content Group UK Ltd.
Pitfield, Milton Keynes, MK11 3LW, UK
UKHW020314140625
459647UK00018B/1871